航空经济论丛

U0681205

经济管理学术文库·经济类

河南省冷链物流产业发展研究报告

Research Report of Henan' Cold Chain Logistics Industry Development

王永刚 张锐 等／编著

经济管理出版社
ECONOMY & MANAGEMENT PUBLISHING HOUSE

图书在版编目（CIP）数据

河南省冷链物流产业发展研究报告/王永刚，张锐等编著 . —北京：经济管理出版社，2015.12
ISBN 978 - 7 - 5096 - 4013 - 5

Ⅰ.①河…　Ⅱ.①王…②张…　Ⅲ.①冷冻食品—物流—物资管理—研究报告—河南省
Ⅳ.①F252.8

中国版本图书馆 CIP 数据核字（2015）第 244895 号

组稿编辑：曹　靖
责任编辑：杨国强
责任印制：司东翔
责任校对：车立佳

出版发行：经济管理出版社
　　　　　（北京市海淀区北蜂窝 8 号中雅大厦 A 座 11 层 100038）
网　　址：www. E - mp. com. cn
电　　话：（010）51915602
印　　刷：北京九州迅驰传媒文化有限公司
经　　销：新华书店
开　　本：720mm × 1000mm/16
印　　张：10.5
字　　数：185 千字
版　　次：2015 年 12 月第 1 版　　2015 年 12 月第 1 次印刷
书　　号：ISBN 978 - 7 - 5096 - 4013 - 5
定　　价：48.00 元

前　言

　　冷链起源于 19 世纪上半叶冷冻剂的发明，到了电冰箱的出现，各种保鲜和冷冻食品开始进入市场和消费者家庭。到 20 世纪 30 年代，欧洲和美国的食品冷链体系已经初步建立。目前，欧美发达国家已经形成了完整的农产品冷链产业体系。在运输过程中，全部采用冷藏车或冷藏箱，并配以先进的管理信息技术，建立了包括生产、加工、储藏、运输、销售等在内的新鲜物品的冷冻、冷藏链，极大地提高了新鲜物品的冷冻、冷藏运输率及运输质量的完好率。与发达国家相比，中国冷链产业发展还存在明显的差距，主要体现在以下几个方面：冷冻、冷藏流通率远远低于欧美国家；冷链基础设备设施落后，结构失衡；政府监管不足，企业执行冷链标准不力；冷链理念薄弱，易腐食品安全意识不强。

　　河南省拥有发展冷链产业的雄厚基础，同时面临着发展冷链产业的良好机遇。河南省是我国主要的冷链产品生产基地，速冻食品、肉制品、畜禽屠宰品等冷链相关产品的产值在国内位居前列，速冻食品和鲜肉向省外输出的比率高达 60% 和 50% 以上。河南省委、省政府高度重视冷链产业的发展。《河南省现代物流业发展规划（2010 - 2015 年）》中明确提出，重点发展的十大物流行业之首即是食品冷链物流，认为这是河南省能够在国内乃至国际做出影响力的行业。特别是，国务院正式批复的我国首个航空港经济发展先行区——郑州航空港经济综合实验区的规划建设，为河南省冷链产业发展创造了非常好的契机。郑州航空港经济综合实验区将着力发展航空物流、高端制造和现代服务业三大主导产业，重点打造包括冷链产业在内的现代服务业产业集群，大力建设服务于美国冷鲜肉、澳洲活牛等新鲜农副产品进口贸易的冷链物流体系。

　　然而，河南省冷链产业发展也存在着诸多问题，面临着严峻挑战。整体发展规划的欠缺，影响了河南省冷链物流的资源整合和优化；冷链物流市场化程度低，第三方物流弱小；冷链技术装备创新不足，基础设施薄弱；冷链人才培养体系不完善，专业冷链物流管理人才缺乏。

为了系统梳理冷链产业发展的理论和实践成果，总结分析冷链技术与政策的发展现状和趋势，以便抢抓冷链产业发展的大好机遇，促进河南省冷链产业发展水平更上一层楼，郑州航空工业管理学院现代物流研究所组织相关领域专家和技术人员编写了本书。本书①梳理总结了冷链产业发展的相关理论，国内外冷链产业发展的现状与趋势；②总结分析了冷藏运输、冷库、冷藏汽车、冷藏列车、冷藏货机等冷链仓储及运输行业的发展现状、问题与趋势；③总结分析了制冷技术与装备、冷链监控与信息技术、冷链材料保温技术等冷链技术与装备的发展重点与前景；④研究分析了冷链信息管理与监控、以航空港为核心的多式联运服务等冷链产业服务与保障体系的建立与发展；⑤总结分析了河南省发展冷链产业的基础和条件，以及冷冻食品、肉制品、乳制品、果蔬花卉、医药、水产品等细分冷链产业的发展概况和典型案例；⑥在前面总结分析的基础上，提出了河南省发展冷链产业的重点目标与任务，推进河南省冷链产业发展的政策途径。

本书共分为九章，王永刚、张锐负责全书的大纲拟定、校对修改和通稿定稿。第一章、第六章由王永刚、马彦波编写，第二章、第七章由陈梦筱编写，第三章由王杰、金秋春、郭荣幸编写，第四章由马鹏阁、张宏亮编写，第五章由陈建辉编写，前言和第八章由张锐编写，第九章由李玲玲编写。

本书也是河南省科技厅重大科学招标课题"郑州航空港经济综合实验区建设和发展路径（132400411008）"的主要研究成果。本书的编写和出版得到了河南省航空经济研究中心、航空经济发展河南省协同创新中心、郑州航空产业技术研究院的支持和赞助，在此表示深深的感谢。

需要说明的是，本书为跟踪、展望河南省冷链产业发展系列丛书的第一本书，以后每年将更新补充冷链技术、装备、经济和政策等相关领域的最新内容，并连续出版。我们为本书的研究和编写投入了大量时间和精力，力求无憾，然而，因本书涉及冷链相关多个领域的技术与经济问题，不足之处在所难免，期待着关心冷链物流产业发展的领导、专家和广大读者提出宝贵意见，以便今后出版时不断改进，日臻完善。

张锐

（郑州航空工业管理学院副院长）

2015 年 10 月

目　录

第一章 冷链与冷链产业 发展的理论概述

第一节 冷链的内涵与特征

一、冷链的内涵

随着国民经济发展逐步摆脱粗放型模式以及质量与效益意识的逐渐提高，冷链越来越受到我国产业界和学术界的关注。不同的机构或学者从各自角度提出了不同的冷链定义，在定义所包含的内涵上有一定的差别。总结国内外有代表性的冷链定义，大致可以分为三类，分别从"物流网络"、"系统设施"及"供应链"视角描述冷链的内涵与本质。

（一）从"物流网络"视角定义冷链

2006 年的国家标准《物流术语》（GB/T18354－2006）（以下简称国家标准 2006）定义"冷链是指根据物品特性，为保持其品质而采用的从生产到消费的过程中始终处于低温状态的物流网络"。该标准也对物流网络（Logistics Network）做了明确的定义，物流网络是物流过程中相互关联的组织、集合，不仅包含了实物层的设施，还包括信息和管理职能中的组织。

（二）从"系统设施"视角定义冷链

王之泰（2010）定义"冷链是对特定物品在生产制造、流通、物流、应用和消费过程中使用的链式低温保障系统"。欧盟（European Union）定义"冷链是指从原材料的供应，经过生产、加工或屠宰，直到最终消费为止的一系列有温度控制的过程。冷链是用来描述冷藏和冷冻食品的生产、配送、存储和零售这一系列相互关联的操作的术语"。这两个定义强调冷链的实际操作，强调运作的规范化。

（三）从"供应链"视角定义冷链

孙明燕、兰洪杰等（2007）提出"冷链是从原材料的采购到产成品被消耗的整个过程中，物品始终处于维持其品质所必需的可控温度环境下的特殊供应链"。美国食品药物管理局（Food and Drag Administration，FDA）将冷链定义为"贯穿从农田到餐桌的连续过程中维持正确的温度，以阻止细菌的生长"。这两个定义体现的是从田间到餐桌的整个过程和供应链集成化管理的思想，强调在整条供应链上不同企业间的计划和运作活动的协调。

国内多数研究文献不对冷链和冷链物流进行区分。由于冷链涵盖的范围主要是社会流通过程的物流环节，很多人使用"冷链物流"概念替代"冷链"概念。在一般情况下，这种表达方式是可行的。严格讲，冷链和冷链物流在概念上是有区别的，冷链是全体，冷链物流是冷链的物流过程。随着冷链的深入发展与广泛应用，在很多领域，冷链的"链"必然会深入到前端的生产、制造环节，后端的消费、运用环节，还有中端的商流环节，如果仅仅强调"物流"，则不能反映冷链有效涵盖的范畴（王之泰，2010）。

本书不对冷链与冷链物流两种表达方式加以区别。本书中的"冷链"或"冷链物流"泛指特定物品在原料采购、生产加工、储存运输、销售以及消费的全过程中始终处于规定的低温环境下，以保证物品质量和性能的系统工程。它是以保持低温环境为核心要求的供应链系统，是以冷冻工艺学为基础、以制冷技术为手段的低温物流过程。

二、冷链物流的主要环节

冷链物流涉及的环节有原料前处理、预冷、速冻、冷藏、流通运输、销售分配等。为陈述方便，本书归结为以下四个主要环节：冷冻加工、冷冻储藏、冷藏运输及配送、冷冻销售。

（一）冷冻加工

冷冻加工包括肉禽类、鱼类和蛋类的冷却与冷冻，以及在低温状态下的加工作业过程；也包括蔬菜的预冷，各种速冻食物和奶制品的低温加工等。这一个环节主要涉及的冷链装备是冷却、冻结装置和速冻装置。

（二）冷冻储藏

冷冻储藏包括食品的冷却储藏和冻结储藏，以及水果蔬菜等的气调储藏。它是保证食品在储藏和加工过程中的低温保险环境。此环节主要涉及各类冷藏库、加工间、冷藏柜、冷冻柜及家用冰箱等。

（三）冷藏运输及配送

冷藏运输及配送包括食品的中、长途运输及短途配送等物流环节的低温状态。它主要涉及铁路冷藏车、冷藏汽车、冷藏船、冷藏集装箱等低温运输工具。在冷藏运输过程中，温度波动是引起食品品质下降的主要原因之一，因此运输工具应具有良好的性能。

（四）冷冻销售

冷冻销售包括各种冷链食品进入批发零售环节的冷冻冷藏和销售，由生产厂家、批发商和零售商共同完成。目前各类连锁超市正在成为冷链食品的主要销售渠道，这些零售终端大量使用了冷藏、冷冻陈列柜和储藏库，成为完整的食品冷链中不可或缺的重要环节。

三、冷链物流的特征

作为物流的重要组成部分，冷链物流除了具有一般物流的特点外，还具有自身的特色。

（一）货物的易腐性

冷链物流配送的货物通常是生鲜产品，即易腐性（Perishable）食品，运输过程中，多种原因会使货物品质逐渐下降。生鲜食品在运送时保存环境的温度越低，品质越能保持长久。

（二）时效性

冷链物流配送的生鲜产品生命周期短，其品质在很大程度上由运送时间决定。销售商为了达到较高的服务水准，往往限制运送者必须在事先约定的时段内送达商品。

（三）协作性

商品在流通过程中的所有权可能不同，这要求从供应链的角度出发，协调冷链上各企业间的关系，使冷链物流过程中的每个环节相互协作，保证整条"冷链"的平稳高效运行。

（四）复杂性

商品在物流过程中，质量随着温度和时间的变化而变化，不同的产品必须要有对应的温度和储藏时间，点的监控不能保证商品的质量安全，需要跟踪整个产品流通链，这大大提高了冷链物流的复杂性。

（五）系统性

商品在物流过程中可能处于不同的环境，进而影响商品品质。要保证商品质量特征，就必须把整个冷链作为一个系统来完成。

（六）高成本性

冷链物流对冷藏技术和时间有严格的要求，需要采用特定的低温运输设备或保鲜设备，建设投资大，运作成本高，有效控制成本与冷链发展密切相关。

第二节　冷链涉及的领域与冷链产业

一、冷链涉及的领域和产品

冷链涉及的领域很多，主体是农业（包括农、林、牧、渔）、食品工业、商业。此外，医药、化工、军工等领域也对冷链有一定需求。医药、化工、军工等领域对冷链的需求虽然从数量上讲与农业、食品工业、商业相差甚远，但在某些局部领域，冷链不可或缺，而且对冷链的技术要求非常高，严格程度往往超出了农业、食品工业和商业。以医药领域的疫苗为例，对于某些活性生物疫苗制品，冷链覆盖从生产到最终使用的整个过程，温度控制要求非常严格，一旦出现冷链中断问题，甚至会导致药品完全报废。这些领域往往是特殊冷链需求的重要领域（王之泰，2010）。

冷链物流适合的商品一般分为三类：一是初级农产品，包括蔬菜、水果、肉、禽、蛋、水产品、花卉等；二是加工后的食品，如速冻食品，禽、肉、水产等包装熟食以及冰激凌和奶制品等；三是特殊商品，如药品和疫苗等。

二、冷链产业体系构成

本书中的冷链产业体系由冷链相关行业生产者、贸易者、物流服务者等组成的集群构成，涵盖冷链物流企业、物流设备及配件、制冷设备及配件、农产品、水产品、速冻食品、酒品饮料、餐饮原料、医药、化工等冷链产业集群。

冷链物流产业链一般指冷链物流相关行业的总称，包括制冷设备、冷库、冷藏车、冷藏箱、冷藏运输、冷链信息化建设、冷链物联网等多个环节。从我国《农产品冷链物流发展规划》中可以看出冷链物流产业链的含义：一是冷库建设；二是低温配送处理中心建设；三是冷链运输车辆及制冷设备；四是冷链物流企业；五是冷链物流全程监控与追溯系统；六是肉类和水产品冷链物流；七是果蔬冷链物流；八是冷链物流监管与查验体系。由此可见，冷链物流产业链是一个各功能节点有机结合在一起的系统供应链体系。

第三节　河南省发展冷链产业的必要性及意义

一、发展冷链产业是确保食品质量安全的需要

通过生鲜食品的流通加工、运输配送、市场交易、批发中转、销售服务等全程冷链运作，可以形成"生产放心生鲜食品、采购放心生鲜食品、消费放心生鲜食品"的良性流通体系，满足消费者需求多元化发展。生鲜食品作为每天必不可

少的消费品，事关居民的身体健康和生命安全。然而近年来由于种种因素，生鲜食品的质量安全存在一定的问题，如牛奶中的三聚氰胺，猪肉中的瘦肉精，水果残留农药超标，蔬菜受污染等现象不断出现，给人民身体健康和生命安全造成极大威胁。通过冷链物流流通加工，减少生鲜食品的"显形污染"；通过检验检测，及时发现生鲜食品食用安全问题，消除生鲜食品中各种有害物质残留的"隐形污染"；通过生鲜食品冷链物流信息网络及技术，实现生鲜食品冷冻加工、冷冻储藏、冷冻运输及配送、冷冻销售全程监控和追溯，保证城乡居民吃上"安全生鲜食品"。

二、发展冷链产业能够减少相关产品流通损失，降低物流成本

河南省是农产品生产大省和食品加工大省，发展冷链产业能够减少相关产品的流通损失，降低物流成本。当前河南省生鲜食品物流一般经过"生产者→产地市场→运销批发商→销地市场→零售商→消费者"等多个环节，物流链条长，而且很多环节以自然形态或常温形态形式流通，极易导致生鲜食品腐烂变质，其售价中相当一部分是用来补偿储运过程中损坏货品的损失。由于运输过程中损耗高，生鲜食品的物流费用往往占到了其总成本的50%以上，远远高于国际标准。在整个生鲜食品流通环节中运用冷链技术，能够确保生鲜食品的"新鲜"，减少生鲜食品的流通损失。同时，建设冷链物流信息共享平台，快速反馈市场信息，可以缩短生鲜食品订货提前期，降低生鲜食品物流成本（孙宏岭、李金峰，2012）。

三、发展冷链产业是促进农民增收的有效途径

从源头构建冷链物流是减少农产品流通损失、实现农民增收的重要途径之一。目前，河南省农产品物流以常温物流为主，这导致果蔬、肉类、水产品流通腐损率分别达到20%～30%、12%、15%，每年损失惊人。如2011年河南省作为全国蔬菜种植第二大省，多个地方的菜农在丰收之后，却遭遇季节性蔬菜价贱与滞销，郑州市中牟县的芹菜、惠济区的莴笋及周口市淮阳县的包菜，价格低至每斤几分钱都少有人问津。农产品冷链物流断链、脱节现象严重，一方面受保鲜

储运能力的制约，生鲜农产品上市时间集中，辐射范围有限，各地频频出现"菜贱伤农"现象，农民增产不增收；另一方面冷链物流滞后也导致农产品质量上不去，达不到国家或国际标准，在市场上缺乏竞争力，制约农业产业化的发展。因此，发展冷链物流是提升农产品质量、减少流通损失、缓解供求矛盾、实现农民增收的有效途径。

第二章 国内外冷链产业
发展现状与趋势

第一节 发达国家冷链产业发展的主要特征与经验

一、发达国家冷链产业发展现状与特征

（一）发达国家已经形成了完整的农产品冷链产业体系

目前，美国、加拿大、德国、意大利、澳大利亚、日本、韩国等发达国家已经形成了完整的农产品冷链产业体系，易腐食品物流过程的冷藏率已达100%，冷藏食品的销售量（以价值量计）占食品销售总量的50%，并呈现继续增长的趋势。据"空调制冷大市场"调查了解，欧美、日本等发达国家农产品进入冷链系统流通的占90%以上，其中水果冷链流通率高达95%以上。我国目前进入冷链系统的蔬菜类比重只占到全部蔬菜的5%，肉类只占到15%，水产品也只占23%。

（二）发达国家把贮藏加工保鲜放在农业的首要位置

发达国家把产后贮藏加工保鲜放在农业的首要位置。美国农业总投入的30%用于生产，70%用于产后加工保鲜；意大利、荷兰农产品保鲜产业化率为60%，而日本则大于70%。美国农业产后产值与采收时自然产值之比为3.7:1，日本为2.2:1，而我国仅为0.38:1。美国拥有保温车辆20多万辆，日本拥有12

万辆左右，而中国仅有约 3 万辆。美国冷藏保温汽车占货运汽车的比例为 0.8% ~ 1%，英国为 2.5% ~ 2.8%，德国为 2% ~ 3%，中国仅为 0.3% 左右。欧洲各国汽车冷藏运量占比为 60% ~ 80%；中国汽车冷藏运输占比约为 20%。西方国家的城市超级市场销售额中冷冻、冷藏商品约占 35%，我国约占 20% ~ 25%。

（三）发达国家重视冷链产业系统的建设和管理

目前，美国、加拿大、德国、意大利等国家已经形成了完整的农产品冷链产业体系。不论是在日本、韩国，还是欧美发达国家，农产品流通基础设施基本上属于国家公共财政投资领域，全部或大部分由政府出面投资建设。如法国政府每年用占农业补贴 25% 的财政拨款对改善农产品运输、储备、加工及销售的设施建设项目进行补贴，此项补贴在一些设施较差的地区甚至可以达到 30% ~ 50%。

英国、荷兰等许多欧洲国家把大型物流中心、配送中心等商贸物流设施，作为公共基础设施列入每年政府基建项目，主体部分由政府投资建设。美国政府从 20 世纪 80 年代起，已将广域共用性商业信息网络纳入国民经济基础设施建设计划，由政府投资建设。

（四）发达国家广泛使用先进的制冷技术和设备

1. 气调技术与微生物控制技术取得较大进展

气调储藏是当代最先进的可广泛应用的果品储藏技术。英国的气调储藏能力为 22.3×10^4 吨，法国、意大利、荷兰、瑞士、德国等也在大力发展气调技术，气调苹果平均达到苹果总数的 50% ~ 70%。考虑到细菌污染会严重损害食品企业的形象，微生物控制已在肉食、乳制品、方便食品等领域不断取得进展。

2. 预冷技术日渐成熟

国外常用的预冷方法基本上有四类：空气预冷法、水预冷法、强制空气—蒸发冷却法、真空预冷法。空气预冷法分为强制空气循环预冷法和差压式空气预冷法。水预冷法利用冷水（包括冰水）将产品从初始温度冷却到需要终温。强制空气—蒸发冷却法主要在一些欧洲国家里采用。真空预冷法在日本、美国等国家在叶菜类蔬菜、蘑菇、甜玉米、豌豆等的预冷中得到了广泛应用。

3. 积极采用自动化冷库技术

自动化冷库技术主要包括贮藏技术的自动化、高密度动力存储（HDDS）、电子数据交换及库房管理系统，其储藏保鲜期比普通冷藏延长 1～2 倍。装箱处理技术主要有两种处理系统：一种是司麦特（Smart）传送系统，这种系统通过使用先进的控制技术，基于传送器的系统被设计成在冷藏、冷冻区域能将箱子自动传送和自动登记；另一种是凯罗筛（Carocel）系统，多年来这种系统已经被用于多种环境之中，并已被证明在充分利用垂直贮藏空间方面是非常有效的。

（五）发达国家不断革新冷藏运输手段和技术装备

1. 冷藏集装箱多式联运比例迅猛增加

冷藏运输技术经历了公路冷藏运输、铁路冷藏运输、水路冷藏运输发展到冷藏集装箱多式联运。欧洲具备通畅的交通网络，公路运输快捷灵活，装卸环节少，减少了装运中的损耗，可进行"门到门"的服务。欧洲于 20 世纪 70 年代开始实行冷藏集装箱与铁路冷藏车的配套使用，克服了铁路运输不能进行"门到门"服务的缺点。

目前，发达国家的冷藏运输技术和装备发展呈现以下几个趋势：冷藏集装箱多式联运比重明显增加；冷藏船托盘比例不断提高；高档易腐货物的航空运输，逐渐转向优质低价的冷藏集装箱海上运输。

2. 为活体动物（活牛、火鸡、鲜活海鲜）提供特殊运输

为活体动物（活牛、火鸡、鲜活海鲜）交运、仓储、运输、提取提供特殊照料的航空运输服务，适用于运输过程中需要新鲜空气的活体动物，包括各类宠物、野生动物、家畜家禽等。

例如，澳大利亚与中国重庆的肉牛贸易尝试采用活牛运输方式，取得了较好的效果。传统上，澳大利亚向中国市场出口的牛肉大多以冷冻肉、冰鲜肉为主，对储运冷链技术要求严格，经过长途运输，口感质地较易受到影响，成本也较高。2015 年 8 月，首批澳大利亚活牛进入重庆。2015 年 8 月 5 日，重庆恒都农业开发公司首批购买的 163 头活牛，在澳大利亚当地牧场实行预检，直飞运抵重庆江北国际机场，在重庆口岸清关检疫后，8 月中旬上市。从澳大利亚牧场直接运送活牛，经过清关、检验检疫等流程，最快只需要 6 天时间就可到达重庆，重庆消费者在家门口就能吃到新鲜的进口牛肉。

（六）发达国家重视冷链信息系统建设

发达国家通过信息技术建立电子虚拟的农产品冷链产业管理系统，对各种货

物进行跟踪，对冷藏车的使用进行动态监控，将全国的需求信息和各地的连锁经营网络连结起来。对冷链全程实施温度控制管理，普遍采用测量与监控仪器对易腐食品有效期内全过程实行时间—温度监控。同时，消费者信息建设得到加强。冷藏展示柜上贴有产品标签，标签上有保质期、最短持续时间、最大储藏温度等数据，在冻食店、隔热袋可随需随取，隔热袋上还印有相关信息。

二、发达国家发展冷链产业的主要经验

（一）建立整套体系，实现全过程的食品安全控制与管理

发达国家十分重视冷链产业质量安全体系建设，制定了一系列涉及农产品生产、加工、销售、包装、运输、存储、标签、品质等级、农药残留物含量等的标准和规定，对农产品进出口也有严格的检验、检测和认证制度，具有管理的系统性和很强的操作性。例如，美国、加拿大的国家食品检验局，制定了食品安全监督计划（FSE-P），鼓励农产品协会开发必要的工具，使生产者在农场的食品生产环节实施与 HACCP（危害分析和临界控制点）原理相一致的食品安全措施，实现了"从农田到餐桌"冷链产业全过程的食品安全控制与管理。

（二）引入市场竞争机制，鼓励多种冷链产业模式并存共赢

在发达国家，大型批发市场和超市集团等龙头企业在促进农产品冷链产业发展中发挥了至关重要的作用。日本、德国政府对大型批发市场建设进行科学规划和宏观调控。美国、加拿大、英国充分发挥批发市场交易方便、品种齐全、货物费用成本低的优势和超市集团货物配送及时便捷、终端包装便于超市连锁经营等优势，使两种龙头企业相互竞争。

（三）采用先进的冷链技术设施，提供全方位的高效优质服务

欧洲、美国、日本依靠技术创新提升冷链产业的整体水平：一是在标准化原料基地使用环境友好型栽培管理技术和先进、快速的有害物质分析检查技术等，从源头上保证冷链产业的质量与安全。二是产地加工企业采用真空预冷技术和冰温技术。预冷是迅速排除田间热，抑制呼吸作用，保持水果蔬菜的新鲜度，延长储藏期的有效措施。冰温是指从 0℃ 开始到生物体冻结温度为止的温域，在这一温域保存储藏农产品、水产品等，可以使其保持刚刚摘取的新鲜度，因此，成为

仅次于冷藏、冰冻的第三种保鲜技术而引人注目。

（四）加大政府投入，创造良好的营运环境

许多发达国家的政府给予冷链企业优惠政策和资金扶持。加拿大政府通过对国家铁路公司补贴、改制和相关政策扶持，使国家铁路公司扭亏为盈，盈利率由过去的3%提高到30.4%，成为北美地区效益最好的铁路冷链运输企业。荷兰政府对于建设面向全欧洲的配送中心的企业给予选址、规划及经营方向的指导，并给予一定比例的资金支持或贷款贴息。同时，通过制定法律法规、国家标准和执法检查监督，规范农产品冷链产业的健康、有序发展。

（五）发挥协会作用，加强行业协调和自律

各国冷链产业的行业协会在政府与企业之间具有桥梁与纽带作用，在完善行业管理过程中发挥着重要作用。一方面协会积极宣传政府的交通方针、政策和法规，另一方面代表企业利益反映企业的呼声，对完善物流政策和改善企业经营提出意见和建议。同时，行业协会从不同角度起到沟通情况、协调关系、提供信息、咨询服务等作用。例如，加拿大卡车协会，是由加拿大运输企业、农产品产地加工企业、批发市场和配送中心等人员自愿组成的民间组织。该协会主要协助CFIA（加拿大食品检验署）制定冷链产业指导原则与标准，协调冷链环节行为主体的关系，组织制定本行业企业共同遵守的行为规范和纪律，并配合CFIA对协会成员进行技术咨询和人员培训，在推动加拿大冷链产业发展中发挥了重要作用。

三、发达国家发展冷链产业的典型案例

案例一：美国

美国在发达国家中率先实现了蔬菜产业现代化，较好地解决了蔬菜全年均衡供应的问题。美国的蔬菜生产，从整地播种到收获以及采后处理，实现了全盘机械化，部分作业还实现了自动化。为了保证质量和降低损耗，美国非常重视蔬菜采后处理的各个环节。一般程序为：采收和田间包装——预冷（冰冷、水冷、气冷等）——清选与杀菌——打蜡或薄膜包装——分级包装。所有蔬菜包装材料均印有蔬菜名称、等级、净重、农家姓名、地址、电话等，以保证信誉。蔬菜始终

处于采后生理需求的低温条件，形成一条"冷链"，即田间采后预冷——冷库——冷藏车运输——批发站冷库——自选商场冷柜——消费者冰箱。由于处理及时得当，美国蔬菜在加工运输环节中的损耗率仅为1%~2%。

1. 美国主要冷链产业企业

（1）美国冷藏公司。美国冷藏公司（USCS）是美国五大公共冷藏库公司之一。该公司于1982年为John Swire & Sons Inc. 收购后，其设施已增至35所，冷藏容量则增至422万立方米。USCS目前雇用约1400名员工。该公司在9个州不同地点提供地区性及全国性的分销服务。该公司当前已扩展至580万立方米储货空间，成为全球排名第四位的冷藏库。

（2）CR英格兰公司。总部位于美国犹他州盐湖城的CR英格兰公司（CR - England Logistics）作为美国最大的温控卡车运输公司，以其业内优良的口碑和高质量的服务领导着美国温控卡车运输行业。从20世纪80年代中期开始，该公司开始了重大产业转型，从单一的为客户提供温控卡车运输服务扩展到全方位的国际物流服务。今天，CR英格兰公司的两大主要分支——英格兰美国分部和英格兰国际物流可以为客户提供除传统卡车运输以外的全套第三方物流服务，包括与亚洲之间的国际货运代理业务。

（3）Albefreight公司。Ablefreight公司每年空运出口6万吨货物，是美国最活跃的货运代理之一，进出口业务占其总业务的六成以上。该公司提供新鲜农产品（包括水果、蔬菜、海鲜、肉类、鲜花及干花）以及药品和电子配件的温控运输。AbleFreight公司的仓库每周7天，每天24小时全天开放，配备维持在不同温度下的保湿制冷机、预冷机及冷却机。从货物接收到交付，都用冷藏货车运送，确保冷藏冷冻链的持续性。使用优质隔热层、冷凝胶袋及干冰确保货物以最佳状态抵达目的地。同时，还提供预先冷藏、再冰冻、品质检验及再分类等特别服务。

（4）普菲斯公司。总部位于美国新泽西州纽瓦克市的普菲斯公司（PFS）已经拥有20余年的冷库运营经验，主要在大城市和主要港口地区开发、设计和运营世界尖端的、标准化的冷冻冷藏库，提供高效、便捷、具有高度附加值的冷冻仓储服务，牢牢地占据冷冻仓储的高端市场，尤其是海鲜冷冻仓储市场。作为全球食品温控仓储行业规模最大的公司之一，普菲斯公司已在美国设计、建造、运营27座先进冷库，并逐步在亚洲、非洲以及南美洲尝试全球冷链服务运营。

2. 美国冷链产业的主要特点

（1）运输网络庞大。冷链产业除了对温度有要求，对时间也有要求，美国完整而便捷的交通运输网络是其冷链产业发达的重要原因。与运输业相关的产品和服务约占美国经济总量的3%，吸纳了美国1/8的就业，可见运输业涉及面之广泛。相较于其他西方国家，由于汽车产业发展得相当早，美国许多城市的发展都提前考虑到了将城市和住宅区搭配道路网络。

为了连结广阔的国土，美国设计并建造了高通行量、高速度的高速公路网。倚仗这些纵横交错的高速公路网，美国国内冷链运输主要由集装箱卡车完成，1000千米以内24小时可以送达。其中，内河（湖）、铁路主要承担大宗散装货物的运输任务。

除了公路，美国还建造了横贯大陆的铁路网络，用以在州与州之间运载货物。美国铁路公司（Amtrak）建造的铁路网横贯了46个州。美国冷链产业当前大力发展的火车温控集装箱，也是基于其铁路网络的优势。

（2）各环节分工明晰。美国冷链产业的分工异常清楚，各个环节都明白自己的职责，运输方只负责确定唯一运输卡车与司机，仓储方只负责对确定时间在唯一卸货码头出现的卡车进行卸货，卡车出租公司只负责提供卡车，维修公司只负责根据求救电话进行抢修。各环节职责明确、专业性很强，让整个冷链运行起来有据可依、有证可查，大大提供了冷链产业的可操作性。

（3）应用集成电子技术。例如，CR英格兰公司为每个车辆配备全球定位系统、网络跟踪设备和网络账单功能，可以按照客人指定的准确时间送抵，为食品公司规避了因不能按时送递货物而承担的赔偿风险，成为值得信赖的运输公司。CR英格兰公司目前电子数据交换、卡车卫星定位系统、车载电脑及远程控制平台、项目化管理软件等先进辅助设备，大大提高了营运效率。

作为美国主要的公共冷藏库公司及物流供应商，美国冷藏公司（USCS）同样重视电子技术集成应用。该公司配备有先进的安全控制及自动化喷淋系统，可视屏（电脑终端）的叉车，涉温区域广、具有冷藏功能的集装箱，可与仓库进货口实现无缝对接的自动接送叉车。这些集成电子技术新设备为第三方冷链提供了安全保证。

（4）企业与政府联合实施检验。对食品的检验检疫放在物流配送企业来做，是美国冷链产业的一个特色。每个物流配送企业都有擅长检验检疫的种类，根据这些特长申请到某些种类食品的检验权，在该企业检验过的食品，可以"免检"出关出口。食物及药物管理局（FDA）在该物流配送企业安排 FDA 监测点，对于出口食品进行不定期监控分析。这样的安排，能够避免食品在海关排队检测中的变质，同时增加了食品流通速度和物流成本。

案例二：日本

1955～1965 年，日本经济的高速增长促进了流通革命，在冷链中的体现主要是在果蔬的分级、挑选、清洗、加工、包装、预冷、冷藏、运输和销售中采用冷链保鲜技术。20 世纪 70 年代以后，日本开始在全国进行果蔬低温冷链流通保鲜体系建设。20 世纪 90 年代，日本在全国建成了"产地预冷——冷藏车运输——低温冷柜或卖店销售"的果蔬冷链流通保鲜体系。目前，低温流通已成为日本果蔬流通的主流。

为实现鲜活农产品的高效保鲜，日本在鲜活农产品的主产地建设了星罗棋布的冷库。这些冷库主要用于流通保鲜的预冷，由水果、蔬菜、花卉等多种鲜活农产品共用，周转利用率较高。早期修建的主要是强制通风式冷库。这种冷库完成一次预冷需要 12～20 小时，采收产品当天不能起运而影响上市速度，且库房周转利用率低，采收高峰时难以实现产品的大批量尽早预冷。后期随着制冷技术的进步，发展修建了制冷效果好、制冷速度快的压差式通风冷库（2～6 小时可完成一次预冷）和真空式冷库（20～40 分钟可完成一次预冷）。

为了进一步提高冷链相关问题的研究水平，日本农林水产省成立了食品低温流通推进协议会，研究整理出《低温管理食品的品质管理方法及低温流通设施完善方向》，制定了食品低温流通温度带，即生鲜食品的流通温度为 -4℃～5℃，并发行了《低温链指南》。

第二节 中国冷链产业发展现状与问题

一、中国冷链产业市场现状

（一）总体呈稳定，局部有亮点

中国物流与采购联合会发布的《2014 年冷链产业发展报告》显示，中国冷链产业"总体呈稳定，局部有亮点"。2013 年，在全球经济疲软的不利因素影响下，冷链产业通过转型升级，转变经营思路，深耕细分市场，市场需求达到 9200 万吨，增长率达 20%。

中国冷链产业基础设施建设再创新高，固定资产投资超过 1000 亿元，同比增长 24.2%；冷库规模继续保持较快增长势头，截至 2013 年底，全国冷库储存能力总计约 2411 万吨，同比增长约 13.6%。冷链产业专业委员会调研结果显示，2013 年全国建成投入运行的冷库储存能力总计达 287.8 万吨，其中公共型冷库总储存能力约 262 万吨。

冷链运输方面，公路运输占比 90%，2013 年新增冷藏车 1.3 万辆，同比增长 14%；铁路运输主要由中铁特货运输有限责任公司和中铁集装箱运输有限责任公司下属的中铁铁龙集装箱物流股份有限公司负责经营，2013 年铁路冷箱保有量 200 只，冷箱发运量 1196 箱（2691TEU）。

《2014 年冷链产业发展报告》指出，先进国家冷链流通率高达 85%，中国仅为 19%，中国冷链产业发展空间巨大。中国食品腐损率高达 30%，而发达国家仅为 5%，中国冷链设备提升空间巨大。2014 年，中国政府出台多项促进冷链产业发展的政策，地方政府也纷纷加快出台地方冷链产业扶持政策，完善地方冷链体系建设。冷链产业面临政策利好，将进入高速发展期。

（二）货品品类丰富

目前，冷链产业的货品品类可以细分为水果、水产品、冷冻食品、乳制品、肉类、蔬菜、医疗冷藏品等。从行业整体规模和增长速度两个角度看，水果和水产品消费量较大，多年来始终是冷链产业的重点货品品类。近几年，由于政府对医药行业监管力度不断加大，医药产品在冷链运输上的占比越来越高。在前100种最畅销药品中，有冷藏温控要求的药品占比45%。目前采用冷链的医药类产品主要是疫苗和血液制品，未来诊断试剂这一市场将会进一步放开。

（三）客户渠道拓展

由电子商务催生的冷链产业宅配市场，带动了冷链产业客户渠道的改变。冷链产业宅配的客户群体可分为B2B和B2C两个市场。2014年商务部公布的数据显示，B2B占总体市场的3/4，B2C占总体市场的1/4。虽然B2C市场规模较小，但受电子商务发展的影响，2012～2014年的3年间其年均增速已经达到80%～120%。随着冷链产业市场的发展，消费者消费能力的提升，客户购买频次增多，以及生鲜产品尤其是海鲜产品高达50%的毛利率，使得当前电商企业纷纷加大对生鲜产品品类的拓展。

（四）价值链延长

冷链企业由单个环节服务领域逐渐向一站式综合性服务领域扩展。综合型冷链产业供应商所占比例逐渐增大，冷链企业在服务过程中逐渐向立体化、跨界方向发展。

二、中国冷链产业布局

（一）郑州冷链产业发展概况

河南省冷链产业优势独特，食品制造业发达，农产品批发市场密集。目前，以郑州为中心的沿陇海、京广铁路的冷链产业带上分布着双汇、三全、众品、冰熊等十几家国家龙头企业。河南省政府"十二五"规划把发展食品冷链产业作为十大专业物流之首，同时批准建立了86平方公里的郑州国际物流园区，要求大力发展多式联运，形成以速冻食品、生鲜果蔬、肉及肉制品为重点的交易中心、配送中心、低温加工中心和集散分拨中心，成为辐射全国、联通世界的国际冷链产业中心。

目前，郑州航空港经济综合实验区正加快中原冷链产业园、普传物流基地等物流园区建设，进一步深化与 UPS、TNT 等国际物流货代商的合作，强化圆通快递等货代企业招商，尽快形成完善的物流体系。中原冷链产业园项目已落户郑州航空港经济综合实验区，致力于建设全球新鲜食品的"集散地"。首期项目占地面积 360 亩，投资 18 亿元，由三弦国际投资集团有限公司投资建设。该产业园将依托航空港"连天接地"的物流优势，将全球的生鲜水果和食品等运抵郑州，再从郑州分拨到全国各地，进行"全球—郑州—全国"的物流传输。

（二）北京冷链产业发展概况

北京市大力支持冷链产业发展。2010 年 1 月出台的《北京市物流业调整和振兴实施方案》中提出建立"三环、五带、多中心"的交通运输网络；重点建设以顺义空港、通州马驹桥、房山良乡、平谷马坊和大兴京南为代表的五大物流基地；扶持培育一批竞争力较强的现代物流企业，建立起比较完善的现代物流体系，进一步提升对城市运行的服务保障能力。2012 年底，作为京东第一物流基地的平谷马坊物流基地 2 万吨全自动立体冷库投入使用，吸引了知名品牌哈根达斯、湾仔码头等冷链企业入驻。

尽管北京冷链产业发展迅速，但还未形成冷链体系。目前，北京市大约90% 的肉类、80% 的水产品、蔬菜水果基本上还是在没有冷链保证的情况下运输销售，蔬菜类进入冷链系统的比重只有 5%，肉类是 15%，水产品是 23%，平均损耗率达到 25%～30%。

（三）西安冷链产业发展概况

西安大力建设冷链产业核心集聚区。《陕西省现代农业发展规划（2011～2017 年）》提出，在西安及大中城市周边建设 30 个 5 万～10 万亩设施农业大县，建设 40 个 3 万～5 万亩设施蔬菜重点县。加快建设农产品冷链产业体系，建设西安冷链产业核心集聚区，关中、渭北、陕北、汉中、秦巴山区 5 个冷链产业基地。这样一系列工程，将形成城市都市农业圈，在很大程度上改善农民蔬菜水果售卖难和城市居民买菜贵的问题。

（四）成都冷链产业发展概况

成都充分发挥蔬菜基地气调库等冷链设施的储存功能，积极组织农业产业化龙头企业开展鲜菜收储加工。成都划定 2 万亩应急叶菜类蔬菜储备基地，并在 3

个大型区域性农产品批发市场建立 3 万吨耐储蔬菜气调储备库，确保全市居民 7 天蔬菜消费量的动态储备。聚和农产品市场 3 万 ~5 万吨农产品气调库、彭州濛阳镇全球农产品采购中心 8000 吨冷气库、都江堰市向峨乡棋盘村 5000 吨猕猴桃气调库、成都农产品中心批发市场 7000 吨蔬菜气调库相继建成，对保障市场、稳定菜价起到了相当大的作用。

成都精品果蔬冷链产业中心建成具备气调库、保鲜库、冻库和普通库的 20 万平方米现代化仓储基地，4 万平方米物流配套设施和 5000 多平方米国际化果蔬冷链产业商业中心，确保冷链产业环节"不断链"，全程做到低温冷藏。成都造水果"冬眠"到欧洲，双流的草莓、枇杷，龙泉驿的水蜜桃，都江堰的猕猴桃等成都特色优质水果从该中心低温冷藏出口到欧洲、美国。

2015 年，成都地区从事冷冻食品产业链经营的 300 多名企业家组成了成都市冷链产业商会，进一步推动成都冷链产业的发展。

（五）两岸冷链产业合作

冷链产业是两岸经济合作委员会确定的先期合作的 5 个产业之一（LED 照明、无线城市、低温冷链产业、TFT－LCD 和汽车），已经成为深化两岸产业合作的重要领域。两岸冷链产业合作由中国物流与采购联合会规划研究院、台湾工业技术研究院组成的两岸冷链产业合作工作组具体推进。

2011 年，商务部和国台办确定天津、厦门为两岸冷链产业合作首批试点城市，经过近三年的试点，两岸已经签署 34 项合作意向书，包括 29 项企业试点、4 项综合场域试点和 1 项两岸联盟合作。2014 年，商务部、国台办联合发文，决定将昆山、北京、武汉列为两岸冷链产业合作第二批试点城市。根据商务部、国台办要求，两岸冷链产业合作试点工作将围绕城市冷链产业发展规划、冷链基础设施改造升级、冷链技术和管理模式应用和冷链标准化、信息化等重点工作，以促进业界项目合作、整合冷链资源、提升城市冷链产业发展水平为重点。

（六）中航工业冷链发展概况

2015 年 5 月，中航工业河南省新飞集团有限公司海外并购法国 Lamberet 公司 100% 股权，标志着中航工业冷藏车国际化战略迈出了坚实有力的步伐，将加速中航工业冷藏车产业转型升级，快速提升品牌影响力。

促成此次收购的重要的原因，是基于双方的协同效应。Lamberet 公司是排名法国冷藏车市场第 2 位的专业化公司，主要从事冷藏车的研发、生产、销售和租赁业务，年生产 3500 辆冷藏车。该公司在欧洲有 4 个生产基地、9 家售后服务中心、140 多个售后服务网点，销售网络遍布 30 余个国家。该公司秉持"制造 + 服务"的商业模式，在销售工业冷藏车和商业冷藏车的同时，开展租赁、二手车、修理服务等业务。以德国提出的工业 4.0 为标准，Lamberet 公司已经做到了多条生产线自动化，具备了工业 3.0 的水平。新飞集团稳步拓展亚洲市场的同时，可以将 Lamberet 公司作为欧洲的发展平台，参与国际市场竞争，实现"1 + 1 > 2"的协同整合效应。

新飞集团以明确的"四大协同"理念，打造中航工业冷链核心竞争力。一是技术工艺协同，二是商业模式协同，三是供应链协同，四是品牌渠道协同。Lamberet 公司是欧洲知名的冷藏车品牌，新飞冷藏车是中国知名的冷藏车品牌，品牌的强强联合将打造国际化品牌，协同营销渠道也将助力新飞产品交叉销售，占据更大的市场份额。

三、中国冷链产业存在的主要问题

与发达国家相比，中国冷链产业发展还存在明显的差距，主要体现在以下几方面。

（一）食品冷链产业水平远远低于欧美国家

冷链不仅指冷藏冷冻品运输，冷链的关键在"链"，而在中国，尚无一家企业能够提供全程的冷链服务，冷链不"冷"、"断链"成为中国冷链产业的显著特征。与发达国家相比，中国冷链流通率明显较低，目前冷链流通率仅为 19%，其中果蔬、肉类、水产品冷链流通率分别为 5%、15% 和 23%。

如图 2 - 1 所示，中国食品冷链产业水平远远低于欧美国家。

（二）冷链基础设备设施落后，结构失衡

目前中国约有 7 万辆冷藏保温车辆，冷藏保温汽车占货运汽车的比例仅为 0.3% 左右，而美国拥有 20 多万辆冷藏保温车。中国人均占有的冷库容积仅为美国的 1/5。此外，中国冷库结构不尽合理，功能失衡。冷冻库多、保鲜库少，肉

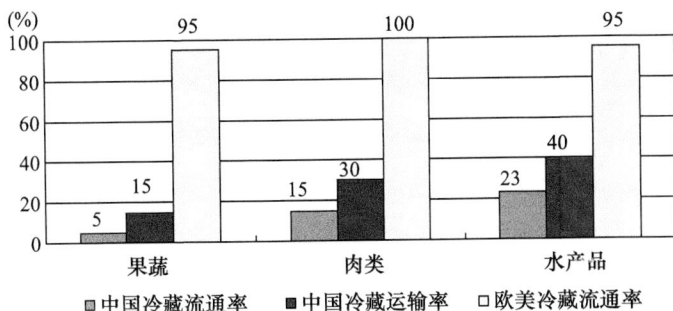

图 2 - 1　国内外食品冷链产业水平比较

资料来源：中国产业信息网发布的《2014～2019 年中国冷链产业行业全景调研及投资前景评估报告》。

类冷库多、果蔬类冷库少，经营性冷库多、加工类冷库少，土建式冷库多、装配式冷库少，城市冷库多、农村冷库少，东部冷库多、中西部冷库少等现象明显。

（三）政府监管不足，企业执行冷链标准不力

目前，中国冷链行业标准的监管执行相当不完善，部分不良企业打着全程冷链的旗帜，却进行间歇性供冷经营，以此降低自己的成本。目前，中国冷链相关标准已经超过 200 项，但所有这些标准都是推荐性标准。近几年，中国物流与采购联合会冷链委根据行业需要制定了《冷链产业分类与基本要求》、《食品冷链产业追溯管理要求》等若干项冷链行业标准，并进行了标准试点和宣贯工作，但是仅靠协会的力量是有限的，需要相关政府部门加大对冷链行业标准执行的监管力度。

与中国不同，发达国家对于冷链产业的重视已经上升到法规高度。例如，欧洲很多国家采用的《易腐食物国际运输及其特种运输设备协议认证》（ATP），其中对冷链运输和冷链设备进行了详细的规定要求，一旦企业触碰将面临罚款乃至法律制裁。

（四）冷链理念薄弱，易腐食品安全意识不强

中国政府部门往往相对重视食品生产环节，而缺乏对于冷链物流环节的监管和追溯。与中国不同，美国农业总投入仅有 30% 用于生产，70% 则用于产后的保鲜、运输和监管。

对于中国消费者而言，虽然居民家庭易腐食品消费占比已经超过 30%，但

大部分人还认识不到温度变化对于食品安全的影响。很多消费者担心全程冷链物价会上涨。随着人们生活水平的提高、城镇化进程的加快，规模化、标准化养殖和种植的推进，冷链产业规模化、网络化、标准化的实现，在减少浪费、品质增加的情况下，冷链产品价格会在消费者的接受范围之内。

第三章 冷链仓储及运输

第一节 中国冷链物流相关产业
发展分析：冷藏运输

一、冷藏运输概述

冷藏运输（Cold – chain Transportation），是指在运输全过程中，无论是装卸搬运、变更运输方式、更换包装设备等环节，都使所运输货物始终保持一定温度的运输。冷藏运输方式可以是公路运输、铁路运输、航空运输，也可以是多种运输方式组成的综合运输。冷藏运输是冷链物流的一个重要环节，包含了较复杂的移动制冷技术和保温箱制造技术，冷藏运输管理包含更多的风险和不确定性。

冷藏运输过程必须依靠冷冻或冷藏等专用车辆进行，冷冻或冷藏专用车辆除了需要有一般货车相同的车体之外，必须在车上设置冷冻或冷藏与保温设备，以保持运输所需要的恒温。在运输过程中连续冷藏至关重要，因为微生物活动和呼吸作用都随着温度的升高而加强，如果运输中某个环节不能保证连续冷藏的条件，货物就有可能在这个环节中开始腐烂变质。在运输时，还需要根据货物的种类、运送季节、运送距离和运送地方确定运输方法。

冷藏运输要求在中、长途运输及短途配送等运输环节的低温状态。它主要涉及铁路冷藏车、冷藏汽车、冷藏船、冷藏集装箱等低温运输工具。在冷藏运输过程中，温度波动是引起货物品质下降的主要原因之一，所以运输工具应具有良好性能，在保持规定低温的同时，更要保持稳定的温度，远途运输尤其重要。

通常冷藏运输温度如下：

冷冻运输：-22℃ ~ -18℃。速冻食品、肉类、冰激凌等货物需要符合标准的冷冻运输车辆运送。

冷藏运输：0℃ ~ 7℃。水果、蔬菜、饮料、鲜奶制品、花草苗木、熟食制品、各类糕点、各种食品原料等货物需要符合标准的冷藏运输车辆运送。

恒温运输：18℃ ~ 22℃。巧克力、糖果、药品、化工产品等货物需要符合标准的保温、温控运输车辆运送。

二、中国冷藏运输不同运输方式分析

（一）公路冷藏运输

公路运输主要靠冷藏卡车运输。一般是指一体式的卡车，其制冷箱体是固定在底盘上的。也可以是多功能面包车，车厢后部与驾驶室分开并且进行绝热处理以保持货物温度。卡车的制冷系统分为两个大类：非独立式（车驱动）和独立式（自驱动）。非独立式使用卡车的发动机来驱动制冷机组的压缩机或者驱动发电机，然后通过发电机驱动制冷机组的压缩机。独立式则有自带的发动机，通常是柴油发动机，以此独立地驱动制冷系统，而无须借助车辆的发动机动力。

（二）铁路冷藏运输

铁路运输主要靠安装冷藏车厢的火车完成。与安装在卡车上的独立式机组相似，安装在火车车厢上的火车机组尺寸更大，适应于需要更大制冷量的火车厢体。火车机组中的顶部送风系统通常不能对货物进行快速降温，因此承运人要确保在装货前将货物预冷到货物所需的合适温度。

铁路冷藏火车车厢一般采用集成的自带动力制冷机组。其送风系统和拖车的送风系统类似，制冷系统将冷空气送到车厢的顶部，冷空气流经货物，从车厢底部返回。一般车厢都要求很好的气密性，满足气调的要求。与集装箱类似，只要货物的堆放合理，满足气流布局要求，一般都可以长距离运输。

铁路冷藏运输的主要对象是鲜活易腐货物。根据《铁路鲜活货物运输规则》

（以下简称《鲜规》），鲜活货物是有生命或生命现象及经过冷冻加工的货物，在流通、保管过程中需要有适宜的储运环境、生存条件维持其生命、生理状态或物态。不同品类的鲜活易腐货物有不同的生理特征和理化性质，对运输环境、生存条件的要求也不尽相同。例如，鲜活易腐货物需要保持适宜的温度和湿度，才不致腐烂变质。为此，铁路在运输易腐货物时，必须采取相应的制冷、保温、加温、通风等措施调控运输环境的温度和湿度，保证货物的质量。

（三）航空冷藏运输

尽管成本高，温控效果也不尽如人意，运输公司还是选择航空冷藏运输作为一种快速的运输手段，通常用来运输附加值较高，需要长距离运输或者出口的易腐货品，例如鲜切花及某些热带水果等。

当采用航空运输时，为了适合飞机某些由于航空运输的安全性要求，流程的连接总有"耽搁"时间的存在，即短暂"保存"环节的存在。对于"冷链"运输，不能像普通的仓库环境那样要求，它根据运输对象的不同，有温度与湿度的要求，尤其是温度要求。如昆明机场，其冷库就分别有 0℃～12℃的高温库、-22℃～0℃的低温库等。在出发地机场，要求更为严格的是机场运输环节，要求在 20 分钟左右的时间内，快速将货物送上飞机货舱，否则就有可能损坏。

至于空中运输，显然要求飞机的货舱能够有相应的温度控制装置，以便为相应的货物设置对应的温度区间。对于全货机来说，这种要求可能相对较为容易。比如卢森堡货运航空的 B-747F，其货舱都是可以全面实施温度控制的。但是，对于以客机腹舱为主要运输设施的航班来说，这种要求的满足就困难得多。

三、中国冷藏运输市场运行局势分析

（一）公路冷藏运输市场运行局势分析

1. 四大经济圈是公路冷藏运输主要需求发生区域

据交通部数据显示，2013 年，我国全年新建高速公路约为 8260 千米，截至 2013 年底，高速公路通车里程达到约 10.44 万千米，同比增长 8.6%。目前，我国"五纵七横"高速国道主干线已全线贯通，绝大多数城镇人口 20 万以上的城市和地级行政中心实现与国家高速公路相连接。

就冷藏运输来看，其以主要经济圈内部运输和南北向运输为主，其中四大经济圈（环渤海、长三角、珠三角、成渝经济圈）是冷链主要运输需求发生或吸引区域，经济区内重点城市是主要交通枢纽，有较强的辐射作用。同时，纵向的京珠线、横向的沪蓉/沪渝线构成了我国冷藏运输的主骨架，是重要的运输通道。

2. 公路冷藏及保温车产销量、保有量增长迅速

近年来，中国冷藏及保温车产销量持续保持快速增长势头。原因主要有两方面，一方面是各级政府政策支持力度加大，另一方面是冷链配送规模不断扩大，部分地区甚至出台强制冷链配送的相关措施。中国汽车技术研究中心数据显示，2013 年中国冷藏及保温车销量为 14348 辆（见图 3 - 1），同比增长 63.8%，增幅较 2014 年提高 29.4 个百分点，主要是因为从 2013 年 7 月 1 日起，全国对于重型卡车的尾气排放标准由国Ⅲ升级为国Ⅳ，厂商为降低生产成本，提前增加国Ⅲ车型合格证备案数量。从主要企业竞争看，2014 年 1 ~ 4 月，前 10 家企业共计生产 3901 辆，同比增长 102%，占据冷藏车市场 74% 的市场份额，且前 10 家企业同比均保持较大幅度增长。北汽福田生产接近 1800 辆，同比增幅超过 160%，占据 33% 以上的市场份额。安徽江淮位第二，产量超过 300 辆；镇江康飞、庆铃集团、河南省冰熊、镇江飞驰、河南省新飞 5 家企业产量也在 200 ~ 300 辆。

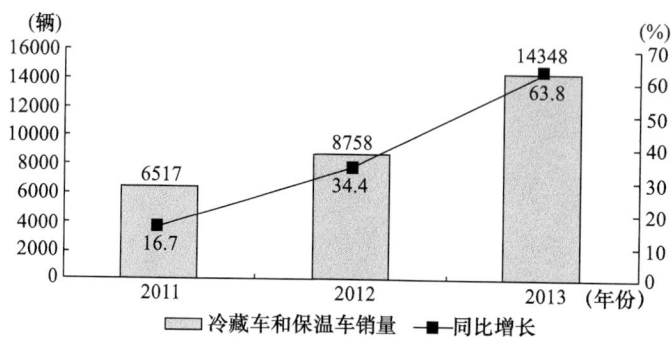

图 3 - 1　2011 ~ 2013 年中国公路冷藏及保温车销量及其增速

资料来源：中国汽车技术研究中心。

统计数据显示，2011 ~ 2013 年我国公路冷藏及保温车保有量分别约 3.21 万辆、4.09 万辆和 5.52 万辆（见图 3 - 2），年均增速分别为 25.5%、27.3% 和

35.1%，分别高于同期公路营运载货汽车拥有量增速 13.2 个、21.0 个和 30.3 个百分点。由于公路冷藏及保温车保有量快速增长，其占公路营运载货汽车拥有量的比重已经由 2010 年的 0.24% 上升至 2013 年的 0.42%。

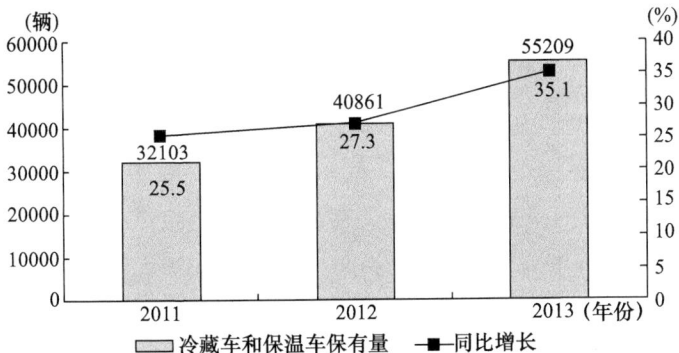

图 3－2 2011～2013 年中国公路冷藏及保温车保有量及其增速

资料来源：中国汽车技术研究中心。

虽然我国公路冷藏及保温车保有量占载货汽车总量的比重不断上升，但与西方发达国家相比，仍然明显偏低。有关资料显示，美国这一比例为 0.8%～1%，英国为 2.5%～2.8%，德国为 2%～3%（见表 3－1）。这意味着我国冷藏运输发展仍然滞后，未来公路冷链物流仍然具备较大发展空间。

表 3－1 国内外冷藏汽车占货运汽车比例对比

国家	冷藏保温汽车占货运汽车比例（%）
中国	0.42
美国	0.8～1
英国	2.5～2.8
德国	2～3

资料来源：中国汽车技术研究中心。

（二）铁路冷藏运输市场运行局势分析

1. 铁路冷藏运输品类丰富

铁路冷藏货物运输主要由中铁特货公司和中铁集装箱公司下属的铁龙物流公司负责经营。2013年，中铁特货公司完成铁路鲜活运量42.6万吨。其中，冻肉8.1万吨，冻禽22.1吨，鲜奶3万吨，速冻食品2万吨，冰激凌2.5万吨，葡萄0.78万吨，香蕉0.74万吨，蔬菜0.5万吨。

2013年10月27日，中铁特货公司和南宁铁路局组织了首次百色—大红门果蔬装运工作，共装运20车（含4个工作车）。27日23：01挂运10874次从百色站开出，按普通货物列车运行，沿途经南昆、湘桂、京广、横麻、京九线，在衡阳北以20辆空棚车补满轴，沿途除丰台西外，未再进行解编，11月1日10：00到达大红门站，全程运行107个小时。品种主要有大蒜头、绿豆、洋葱、马铃薯、胡萝卜、苹果、雪梨等，均为存货不受季节影响，保鲜条件2~5℃恒温，如表3-2所示。

表3-2　百色—大红门班列货源情况

上市时间	品种	货物量（万吨）	保鲜温度要求（℃）
1~4月	樱桃小番茄	4	2~5
	香蕉	0.5	12~15
5~6月	长豆角	1	2~5
	山竹	0.3	2~5
	荔枝	0.5	2~5
7~8月	芒果	1.5	15~20
9~10月	紫薯	0.5	15~20
	香蕉	0.5	12~15
	砂糖桔	0.3	5~8
11~12月	樱桃小番茄	1	2~5
	香蕉	0.5	12~15
	芒果	0.5	15~20

资料来源：中国铁路总公司。

铁龙物流公司主要经营冷藏箱运输，自2009年11月投入试运以来，已有4年多的时间。从运输产品来说，主要是各类深冷货物：速冻米面食品、冰激凌、速冻薯条、冻肉、水果，品类覆盖面较广，如表3-3所示。

从技术可靠性来说，冷藏箱在不同的环境温度（-40℃～-20℃）、不同的承运温度（-25℃～-2℃）、不同的工况条件下均能够全程保持稳定运行，有效保证货物品质，具有较高可靠性。

受速冻食品消费淡旺季影响，冷藏箱运输呈现出较为明显的季节性波动，通常每年7～8月、次年1月运输需求较为旺盛。

表3-3　2013年铁路冷链主要运输品类

货物品类	发运量（箱）	占比（%）
速冻食品	818	68.4
冻肉及制品	274	22.9
速冻薯条	81	6.8
冰激凌	23	1.92
总计	1196	100.0

资料来源：中国铁路总公司。

2. 铁路货运发送量及周转量稳中有降

2013年，国家铁路货运总发送量完成322208万吨，比2012年同期减少1351万吨、下降0.4%。其中，货物发送量完成321615万吨，比2012年同期减少731万吨、下降0.2%。行包发送量完成593万吨，比2012年同期减少621万吨、下降51.1%。

主要品类方面：煤炭发送量完成167858万吨，比2012年同期减少657万吨、下降0.4%；石油发送量完成12740万吨，比2012年同期增加87万吨、增长0.7%；粮食发送量完成10448万吨，比2012年同期增加467万吨、增长4.7%；化肥及农药发送量完成8339万吨，比2012年同期减少586万吨、下降6.6%。

2013年，货运总周转量完成26845.58亿吨/千米，比2012年同期减少374.92亿吨/千米、下降1.4%。其中，货物周转量完成26702.02亿吨/千米，比2012年同期减少223.52亿吨/千米、下降0.8%。行包周转量完成143.56亿吨/千米，比2012年同期减少151.40亿吨/千米、下降51.3%，如表3-4所示。

表 3－4　2013 年全国铁路货运品类完成情况

单位：万吨

项　目	12 月			全年		
	完成	同比 ±	同比 ±（%）	完成	同比 ±	同比 ±（%）
煤炭发送量	20507	682	3.4	231985	5810	2.6
国家铁路	14800	27	0.2	167858	−657	−0.4
非控股合资铁路	4351	575	15.2	47646	5219	12.3
地方铁路	1356	81	6.3	16481	1248	8.2
石油发送量	1162	11	0.9	13875	98	0.7
国家铁路	1081	11	1.0	12740	87	0.7
非控股合资铁路				0.09	0.00	−3.1
地方铁路	82	0	−0.1	1136	11	0.9
粮食发送量	1195	114	10.5	11008	564	5.4
国家铁路	1137	114	11.1	10448	467	4.7
非控股合资铁路	1.6	−0.2	−12.3	17	−23	−58.3
地方铁路	56	0	0.5	543	120	28.3
化肥及农药发送量	947	21	2.2	8740	−557	−6.0
国家铁路	906	11	1.2	8339	−586	−6.6
非控股合资铁路	4	2	103.4	29	−10	−24.7
地方铁路	36	8	27.0	372	38	11.5

资料来源：中国铁路总公司。

（三）航空冷藏运输市场运行局势分析

1. 航空冷链主要集中在医药市场

我国的航空冷藏运输以低温药品为主，例如疫苗、血液制品、诊断试剂等，它们具有体积小、使用急、附加值高等特点，符合航空运输的特点。同时低温药品对温度的要求很高，大多采用蓄冷箱或蓄冷柜进行运输。蓄冷箱是一种绝热箱体，配备冰袋或冰盒以维持箱内的低温，无须制冷就能实现长时间保冷，完成疫苗的冷链配送。冰袋和冰盒的外包装不同，内装高效蓄冷剂，可以反复多次使用。

随着经济的发达、交通的便利，航空冷藏运输已不仅局限于药品，一部分高附加值的水果、鱼肉、鲜花等也开始通过航空进行运输。它们也需要冷藏运输，但对温度的要求相对低于药品。

2. 民航货运市场整体呈现稳步发展势头

相对于公路和铁路冷藏运输来说，航空冷藏运输发展较晚，规模也较小。随着国民经济持续快速发展和人民生活水平不断提高，民航货运市场整体呈现稳步发展势头。

民航货运的发展首先体现在机场等基础设施方面。2013 年末，中国颁证运输的民航机场达到 193 个，全年 10 个新增支线机场投入运营（见图 3 – 3）。民航机场数量的不断增加，无疑会扩大航空冷链物流的地域范围，进而促进航空冷链物流的发展。

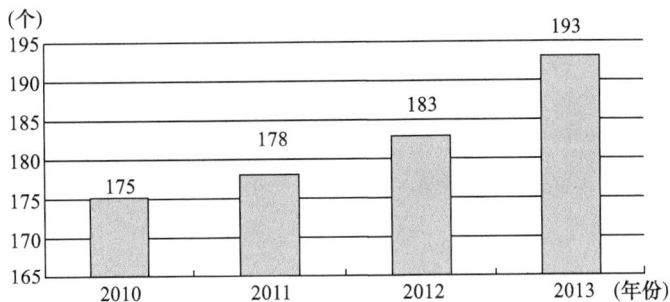

图 3 – 3　2010 ~ 2013 年民航机场数变化情况

资料来源：国家统计局。

2013 年，全民航货邮运输量为 552.8 万吨，同比增长 1.4%，其中国内航线完成 394.1 万吨，占整体的 71%，国际航线完成 158.6 万吨，占整体的 29%，如表 3 – 5 所示。

表 3 – 5　2010 ~ 2013 年民航国内航线货物运输量变化情况

单位：万吨

项目 年份	民用航空货物运输量	国际航线货物运输量	民航国内航线货物运输量
2010	563.0	192.6	370.4
2011	557.5	178.0	379.4
2012	545.0	156.5	388.5
2013	552.8	158.6	394.1

资料来源：中国民用航空局。

3. 航空冷链标准将要出台，为未来发展奠定基础

《航空货物冷藏运输服务规范》已经编写完毕，该标准由《航空货物冷藏运输服务规范》、《鲜活易腐物品名录与物品保鲜条件表》、《鲜活易腐物品乙烯行为与物品隔离表》、《鲜活易腐物品包装》、《鲜活易腐物品信息跟踪》、《时间温度敏感健康产品航空运输规范》一个主标准、五个分标准组成。《航空货物冷藏运输服务规范》标准的出台，对改善冷链空中运输与地面运输的衔接具有重要意义，有助于冷藏运输物流企业实现持续健康发展。

四、中国冷藏运输未来发展趋势

相比普通运输而言，冷链物流的运输设备比较昂贵，运输成本较高，因此根据实际需求规划出最符合使用效益的运输设备，是冷链物流规划考虑的一大要素。

（一）公路冷藏运输需求将持续增加

由于冷藏汽车具有方便灵活的特点，公路冷藏运输的需求将进一步增加，在冷藏运输中将扮演越来越重要的角色。公路冷藏运输需求量的增加必然导致冷藏车需求量的增加。随着环保要求的提高，采用新的无氟材料和新的生产工艺所生产的新型无氟冷藏车将具有广阔的市场前景。

（二）铁路冷藏运输总体趋于稳定

鉴于我国陆地面积辽阔，物资分布不均的状况，铁路冷藏运输适合长距离大批量的运输，规模效益显著，因此，预期未来铁路冷链的运用会更加广泛。另外，随着我国铁路建设的进一步发展，铁路冷藏运输效率将逐步提高，平均运营成本将大幅下降，对冷链物流的高效发展具有很大的促进作用。

（三）航空冷藏运输的重要地位逐渐凸显

未来，中国将逐步放松对航空货运的管制并出台一系列扶持措施，成为推动未来航空冷藏运输业发展的力量。除此之外，航空运输速度快，药品空运需求加大，国际贸易不断发展，以及航空货运市场发展等也将不同程度地推动和促进航空冷藏运输发展。

1. 运输速度快是推动航空冷藏运输发展的重要因素

冷藏运输主要解决的是温度与时间的需求，相关调查显示，全球最畅销的医

药产品中，有20%属于温度敏感型产品，所有疫苗和68%的生物科技产品必须在2℃~8℃的温度条件下存放和运输。随着人们对生活品质的追求越来越高，对新鲜农产品及医药制品的时效性要求也随之增加，因而越来越多的农产品及医药制品依赖于航空运输。

2. 疫苗、血液制品等药品将加大航空冷藏运输需求

医学的发达使得疫苗、血液制品等需要冷藏的药品越来越多，目前，我国已成为全球最大的疫苗生产国之一，疫苗种类和数量庞大。未来随着疫苗以及血液制品等药品的进一步发展，以及使用率的进一步提高，航空冷藏运输的需求量将会进一步增大。

3. 国际贸易发展将拉动航空冷藏运输需求

全球一体化进程加快，国际间贸易往来的频繁将带动航空冷藏运输需求的增长，尤其是进口果蔬、进口肉类等生鲜食品，它们的附加值高，对运输速度和温度要求越来越高，未来随着这类商品需求的进一步加大，航空冷藏运输将得到进一步发展。

4. 航空货运市场发展将带动航空冷藏运输发展

航空公司开始积极发展航空冷链市场。国内外大型货运机场或航空公司，均把冷链物流作为其货运发展的重中之重，积极开拓冷链市场，发掘新的利润增长点。对于货运航空公司来说，冷链物流是构成其货源结构的重要部分，且由于冷链物流对运输条件及设备要求较高，其运输附加值也较高，将成为航空公司的利润源泉；对于机场来说，冷链物流将为机场的货邮吞吐量做出贡献，并且如果能够吸引冷链物流的高端客户入驻（如国家血液中心），对区域经济的影响力也将产生重要作用。

（四）进一步推广多式联运

多式联运能够提高货物运输速度，降低运输成本，对物流效率的提高具有极为重要的作用。铁路、公路、水路和航空应打破各自的行业壁垒，积极发展铁路、公路、水路和航空的联合运输网，形成多式联运体系。构建完善的冷链物流信息系统，利用运输管理信息系统所提供的资源，对各种冷藏车的使用进行动态监控，简化冷藏运输的计划审批手续和空车调配环节，真正做到对冷藏货物运输

优先组织，建立冷藏食品运输的"绿色通道"。此外，积极建立与公路、水路以及海关、代理、堆场等相关部门配套的、有统一标准数据的计算机管理信息系统和电子数据交换系统。

第二节　中国冷链物流相关产业发展分析：冷库

一、冷库简述

（一）冷库的构成

冷库，一般是指用各种设备制冷、可人为控制和保持稳定低温的设施，用来贮存冷冻产品的仓库，是加工、贮存产品的场所。它的基本组成部分是制冷系统、电控装置、有一定隔热性能的库房、附属性建筑物等。

其中，制冷系统主要包括各种制冷设备，制冷设备是冷库的心脏，它制造出冷量，保证库房内的冷源供应。电控装置是冷库的大脑，它指挥制冷系统保证冷量供应。库房是具有一定隔热性能的贮存保鲜农产品的场所，它的作用是保持低温环境的稳定。库房良好的隔热保温结构，可以最大限度地保持制冷设备制造的冷量在库内少向外泄漏。

（二）冷库的分类

1. 按使用性质分

根据使用性质的不同，冷库可分为生产性冷库、分配性冷库、零售性冷库和综合性冷库四类。生产性冷库是食品加工企业的重要组成部分，一般建在货源集中的地区。鱼、肉、禽、蛋、果、蔬等易腐食品，经过适当加工后，送入冷库进行冷加工，然后运往消费地区进行分配，其特点是冷加工能力大，贮存物品零进整出；分配性冷库一般建在大城市或水、陆交通枢纽及人口密集的工矿区，在市场供应、运输中转而贮备食品时用，其特点是冷藏容量大、冻结能力小，适宜于多种食品的贮存；零售性冷库一般建在城市大型副食品店和超市内，供临时储存零售食品用，其特点是库容量小、贮存期短、品种多；综合性冷库集生产性和分配性功能于一身，特点是库容量大、功能齐全。

2. 按冷藏库容量规模分

目前，冷藏库容量划分尚未统一，一般分为大型、中型、小型冷库。大型冷库的冷藏容量在 10000 吨以上；中型冷库的冷藏容量在 1000 ~ 10000 吨；小型冷库的冷藏容量在 1000 吨以下。

3. 按冷藏设计温度分

根据冷藏设计温度可分为高温、中温、低温和超低温四大类冷库。①一般高温冷库的冷藏设计温度为 $-2℃ ~ 8℃$；②中温冷库的冷藏设计温度为 $-23℃ ~ -10℃$；③低温冷库的温度一般为 $-30℃ ~ -23℃$；④超低温冷库的温度一般为 $-80℃ ~ -30℃$。

4. 按库体结构类别分

根据库体建造结构可分为土建冷库和装配式冷库。

（1）土建冷库。

1）传统多层散堆冷库。这种类型的冷库占据目前国内冷库很大的市场份额，多配合批发交易，以出租为主，部分冷库也兼做第三方物流。比较有代表性的是杭州冷冻品交易市场冷库、上海大宛冷库、银犁冷库、国家储备冷库、雨润集团冷库等，货物散堆或托盘码垛，排管冷却，人工配合机械搬运。

2）土建多层货架冷库。近几年国内出现的一些比较新型的土建冷库，如深圳中粮冷库、天津泰达冷库、济南维尔康三期冷库等多是这种类型的冷库。该冷库特点是大柱网，高层高（天津泰达 9 米×11 米柱网，9 米层高），货架存放，叉车搬运，冷风机冷却。与传统的土建冷库相比，这种类型的冷库更适应现代冷链物流的要求，主要面向第三方冷链物流和大客户特殊定制。

此外，一些传统的散堆冷库在改造或新建时也会配套部分的货架冷库以适应不同的市场需求，如雨润冷库、南京清江冷库。

（2）装配式冷库。

1）3~6 米层高装配式冷库，主要是各类超市、批发市场用小型冷库，以氟利昂装配式冷库为主。

2）6~9米层高装配式冷库。2010年以前绝大多数的装配式冷库都是这种模式，用普通叉车也可以存取，多采用横梁式或驶入式货架，如嘉德物流沈阳冷库、东方友谊奥运配套冷库、康新物流冷库等。

3）9~15米层高装配式冷库。这一高度的装配式冷库多采用高位叉车存取货物，横梁式单/双进深货架或穿梭式货架系统。如广州太古冷库、昆山众品冷库、福喜（OSI）冷库等。目前双进深高位叉车的最大举高可以达到12.85米，相对应冷库的净高最大可以做到15米左右。如果按照8层货架计算，存储密度可以做到2.2托/平方米。对于倾向于做第三方物流的冷库，在目前的人工水平下，这种类型的冷库是非常合适的。

4）15~18米高VNA装配式冷库。相比较高位叉车，VNA叉车所需要的通道较窄，而且可以提升的高度更高（最高达到17.2米），如果按照10层货架考虑的话，存储密度可以做N^3托/平方米。

5）18米以上全自动AS/RS装配式冷库。相比以上需要人工操作的冷库，采用了高层货架和自动化管理系统的全自动冷库大大提高了仓库的单位面积利用率，提高了劳动生产率，降低了劳动强度。虽然全自动货架系统的造价很高，但由于存储密度大，因此单托综合造价，特别是双进深全自动冷库的单托综合造价是较低的。这也是近几年全自动库快速发展的原因。

国内全自动冷库的高度随着技术水平的提升而不断升高，早期的多以18~20米高为主，如双汇标准化工厂的配套冷库、思念及三全的新建冷库。个别冷库如新发地冷库，超过30米的高度。相信随着国内技术水平的提高，这一高度还会继续突破（王斌、李晓虎、杨小灿，2014）。

二、冷库相关产业

（一）冷库常用制冷技术

1. 单级蒸气压缩式制冷

单级蒸气压缩式制冷是指制冷剂在一次循环中只经过一次压缩，其最低蒸发温度可达 -40℃ ~ -30℃。单级蒸气压缩式制冷循环基本构成包括制冷压缩机、冷凝器、节流装置和蒸发器（俗称制冷四大件），用管道依次将其连接，形成一个完全封闭的系统，制冷剂在这个封闭的制冷系统中以流体状态循环，通过变相，连续不断地从蒸发器中吸取热量，并在冷凝器中释放热量，从而实现制冷目的。

2. 双级蒸气压缩式制冷

为了获得更低的蒸发温度，同时保证制冷循环效率不下降，往往需要双级或多级制冷循环。压缩过程分两阶段进行：来自蒸发器的低温制冷剂蒸气进入低压级压缩机，在其中压缩到中间压力，经过中间冷却器冷却再进入高级压缩机，将其压缩为冷凝压力排入冷凝器中。采用双级压缩制冷循环，可使每一级的压力比降低，减少活塞式制冷压缩机的余隙容积的影响，减少制冷剂蒸气与汽缸壁的热交换，减少制冷剂在压缩过程中的内部泄漏损失，提高制冷压缩机的输气系数，提高实际输气量。

3. 复叠式压缩式制冷

复叠式压缩制冷循环，由两个（或三个）部分组成：一部分为高温部分；另一部分为低温部分，每个部分都是完整的单级或双级压缩系统。高温部分系统中制冷剂的蒸发用于冷凝低温部分的排气，而低温部分系统中的制冷剂用于蒸发器的吸热制冷。高温部分用中温制冷剂，低温部分用低温制冷剂。两部分用蒸发冷凝器联系起来，它既作高温部分的蒸发器，又作低温部分的冷凝器。

（二）冷库常用制冷剂

常用制冷剂主要有 R744（CO_2）、R717（NH_3）、R22（$CHClF_2$）三种，三种制冷剂的性能如表 3 – 6 所示。

表 3 – 6 三种制冷剂主要性能

项目	R744	R717	R22
分子式	CO_2	NH_3	$CHClF_2$
分子量度 M（kg/kmol）	44.01	17.03	86.48
气体常熟 R（J/kg·k）	188.9	488.2	96.1
绝热指数 k	1.30	1.31	1.20
临界温度（℃）	31.1	133.0	96.0
临界压力（MPa）	7.372	11.42	4.974
临界密度（kg/m³）	465	—	—

续表

项目	R744	R717	R22
凝固点温度（℃）	-56.55	-77.7	-160
标准大气压下沸点（℃）	-78.4	-33.3	-40.8
0℃时容积制冷量（kJ/m³）	22600	4360	4344
可燃性	否	是	否
相对价格	1	2	10

资料来源：《冷库制冷设计手册》，2007。

表 3-7　三种制冷剂的毒性

名称	造成人员死亡或严重伤害情况			安全等级 评价	分解物 是否有毒
	暴露时间 （h）	空气中含量			
		按体积（%）	按质量（g/m³）		
R744	0.5~1	29~30	530~550	低毒，不传播火焰	否
R717	0.5	0.5~0.6	3~5	高毒性，低度可燃	否
R22	2	18~22.6	645~810	低毒，不传播火焰	是

资料来源：《冷库制冷设计手册》，2007。

根据表 3-7 数据分析，可得出如下结论：

（1）R744 即 CO_2 的单位容积制冷量大大高于其他两种制冷剂，从制冷性能来看，CO_2 的制冷性能无疑是最好的，同时它无毒、环保，易获取，价格低廉，是非常理想的制冷剂。但是由于 CO_2 的临界压力高，而临界温度太低，使其作为制冷剂在制冷系统中无论是亚临界循环还是跨临界循环，其系统运行压力都大大高于目前常规使用的氨制冷系统和氟制冷系统，这必然对设备及管阀系统的设计提出更高要求，也必然造成系统投资的增加。CO_2 无色无味，泄漏了也不易察觉，虽然 CO_2 无毒，若在空气中含量超过 10%，也会在无声无息中造成人员窒息伤亡。同时，CO_2 液体在常温下容易汽化，故应注意系统的保压，以防由于 CO_2 液体汽化引起容器、管道内部压力升高而造成物理性爆炸。

（2）R717 即氨作为制冷剂，无论是单位容积制冷量，还是临界温度和压力以及对环境的友好方面都比较好，价格也较低廉并且来源广，初投资和运营成本都较低，是较理想的制冷剂。目前国内和欧美国家90%左右的大型制冷系统都采用氨制冷剂，氨唯一的劣势是安全性较差，对人体有刺激，属于有毒物质，而且若泄漏至一定浓度，遇明火会爆炸。但由于技术比较熟，相关法律法规也比较完善，安全监管到位，只要严格按照国家相关法律法规设计、施工、运行使用和管理，氨制冷剂已比较安全。

（3）R22目前虽然还在使用，但根据中华人民共和国国务院令（第573号）：《消耗臭氧层物质管理条例》，2030年将实现除维修和特殊用途以外的完全淘汰。而且R22单位容积制冷量是三种制冷剂中最低的，价格较高，有破坏臭氧层、产生温室效应的副作用。作为它的可能替代品的氟利昂R410A制冷剂，虽然不破坏臭氧层，但由于温室效应较高（GWP1730），而且COP值较低，也非长久之计（李晶晶，2014）。

（三）冷库常用的隔热材料

冷库隔热对维持库内温度的稳定、降低冷库热负荷、节约能耗及保证食品冷藏储存质量有着重要作用，故冷库墙体、地板、屋盖及楼板均应做隔热处理。

1. 聚氨酯泡沫塑料（FPF）

聚氨酯泡沫塑料的气泡结构属于闭孔泡沫材料，几乎全部不连通，在常温下，其静态吸水率很低。在各种保温材料中，硬质聚氨酯泡沫塑料因其热导率小、吸水率低、压缩强度大、耐久性能高等优点，而成为冷库保温材料的首选。缺点是材料价格相对较高，但全面权衡其经济性后可以发现，用聚氨酯隔热材料其综合运行成本并不高。聚氨酯用于冷库保温，有聚氨酯现场喷涂和聚氨酯夹芯保温板两种形式，前者采用聚氨酯现场分层喷涂，可达到全封闭无接缝，与底物黏接力强的效果、保温效果较好，但需做防潮层及防护层。防潮层可用新型高分子防水涂料，防护层可用土建形式或金属板围护，施工周期长且施工复杂。采用聚氨酯夹芯板则刚性好，强度高，结构紧凑，可无须做防潮层，但必须做好接缝处的密封；安装快捷，现场施工周期短，施工简单，冷库内美观卫生。

2. 聚苯乙烯泡沫塑料（EPS）

它是用聚苯乙烯树脂为基料，加入发泡剂（丁烷或戊烷），并用水蒸气加热形成具有无数微小气孔的发泡小球，在常压下进行熟化，此过程称为预发泡。将熟化后的发泡小球放在模具中进行加热，使它们彼此融合成型，便制成了一种有微小闭孔结构的硬质泡沫塑料。这种泡沫塑料的特点是质轻、隔热性能好，耐低温性能好，能耐酸碱，有一定的弹性，制品可以切割。但最近几年试用经验表明，聚苯乙烯泡沫塑料在冷库中使用较容易吸水，影响隔热效果，使用时应做好防潮和防水处理。

3. 挤塑聚苯乙烯泡沫塑料（XPS）

挤塑聚苯乙烯具有致密的表层及闭孔结构内层，其热导率大大低于同厚度的聚苯乙烯，具有更好的保温性能；由于其内层的闭孔结构，其抗湿性较好，在潮湿的环境中仍能保持良好的隔热性能；其具有独特的、坚硬紧密的晶体结构，它的抗压强度高，抗水蒸气渗透性能强，性能稳定，使用年限持久。因此，该材料被国际上认为是用于冷库隔热工程中的理想材料。因其具有压缩强度高、价格适中等优点，目前是我国冷库地坪保温材料的首选。

三、中国冷库行业总体发展状况

（一）冷库保有量分析

据中物联冷链委统计，2014 年全国冷库总量达到 3320 万吨，折合 8300 万立方米，与 2013 年的 2411 万吨相比增长了 36.9%。同时，中物联冷链委对全国 930 多家冷链物流企业展开调研，并按地区分布情况进行数据统计，结果显示山东省以冷库容量 457.9 万吨居首位（见表 3-8）。尽管近两年来中西部地区加强了冷库建设，但全国冷库分布仍处于严重不平衡状态，接近 50% 的冷库资源集中于东部沿海地区。

表 3-8　2014 年各省冷库保有量统计排名

名次	省份	库存（万吨）
1	山东	457.9
2	上海	230.95
3	广东	199.86
4	江苏	181.4
5	福建	169.4

名次	省份	库存（万吨）
6	湖北	166.9
7	辽宁	164.66
8	浙江	140.8
9	天津	130.84
10	河南	129.86
11	重庆	123.96
12	河北	104.6
13	云南	101.06
14	北京	93.91
15	湖南	84.2
16	四川	75.5
17	新疆	73.7
18	安徽	71.75
19	甘肃	67.3
20	广西	52.34
21	黑龙江	50.5
22	海南	44.85
23	山西	40.97
24	陕西	33.78
25	江西	33.64
26	宁夏	25.8
27	吉林	19.27
28	内蒙古	15.3
29	贵州	12.4
30	青海	6.57

资料来源：《2015 年中国冷链物流发展报告》。

（二）冷库运营状况分析

全国冷库主要分为公用冷库和自用冷库两大类，其中，自用冷库所占比重较大，占 75.49%。在公用冷库中，主要有公共储存型、市场配套型、物流配送型三种，其中，公共储存型占比最大，占 66.30%。在自用冷库中，生产储存型冷库占比较大，占 92.39%，物流配送型则占 6.68%。按照储存商品来划分，我国冷库中综合类所占比重较大，占 51.66%；其次是果蔬类、水产类和肉食类，分别占 24.78%、12.06%、9.75%（见图 3−4）。由此可见，以果蔬、水产、肉禽为代表的农产品对冷库建设的需求最为旺盛。

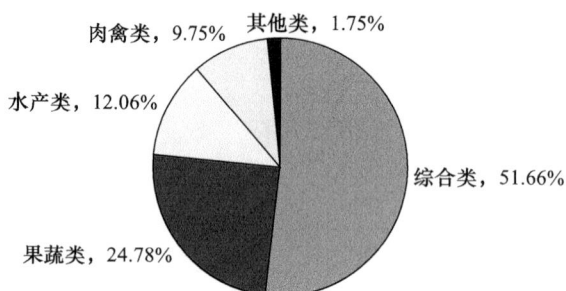

图 3−4　2014 年全国冷库各类产品占比

资料来源：《2015 年中国冷链物流发展报告》。

（三）冷库经营模式分析

当前，国内冷库按照用途不同大致可分为五种模式，分别是：①合约租赁型冷库；②批发市场型冷库；③自有型冷链配送中心；④农产品主产地型冷库；⑤国有战略储备型冷库。

针对表 3−10 中所列 2014 年新增万吨及以上冷库项目共计 76 个进行分析，发现合约租赁型冷库项目共有 21 个，库容占新增总库容的 49.4%；批发市场型冷库项目共有 23 个，库容占比为 23.5%；自有型冷链配送中心项目仅为 4 个，库容占比为 5.1%；农产品主产地型冷库项目有 28 个，库容占比为 22.0%。采用第一种经营模式和第二种经营模式的冷库项目中含有部分国有战略储备型冷库。

由以上数据可知，第一种经营模式冷库的主要特点是单个冷库或冷库群储存规模较大；第二种经营模式和第四种经营模式冷库数量占优，单个冷库或冷库群储存规模处于中等水平。采用第三种经营模式的冷库较少，这是因为目前连锁商超和连锁餐饮业多与冷链物流企业合作，将原材料和产品的配送直接外包给冷链物流企业。

冷链物流企业冷库的来源主要有三个：租用、自建、租用与自建相结合。其中，大部分冷链企业没有自己的冷库，主要通过租用冷库、自己管理的方式解决企业仓储需求。租用冷库又分为两种模式：一种模式是直接在市场上租用冷库，租赁价格按照板/天或者面积/天计算；另一种模式是与具有建设冷库资质的企业合作，按照冷链企业提出的要求修建冷库，然后长期租用。一些冷链企业承接高货值食品或药品的配送业务，这些货品对冷库要求较高，冷链企业会采取"量身定做"的方式自建冷库，满足特殊货品的需求，而其他货品仍存储在租用冷库中。

对于冷链物流企业来说，尽管从国家层面上支持企业自建冷库，但是在开展冷库建设时企业遇到了资金和土地难题。一方面，在北上广等经济发达地区，地价高启，一般的冷链企业难以承受高昂的土地成本；另一方面，由于国家对经营冷库的企业在税收方面有一定的减免政策，致使地方政府批复冷库用地的意愿不强，因此企业很难获得冷库建设用地的审批权。

目前，大规模修建冷库的企业主要有三种：一是有国企背景的大型公司，二是外商独资或中外合资大型冷链物流运营商，三是大型民营冷链物流企业，如表3-9所示。

表3-9　部分规模以上冷库企业

名　　称	公司性质	核心业务
太古冷链物流	外商独资	冷藏业务
普洛斯中国	外商独资	现代物流设施
普菲斯亿达	中美合资	第三方冷冻仓储业务
福建名成集团	中外合资	冷链物流交易中心
上海锦江国际低温物流	中日合资	冷藏冷冻和配送运输服务
大连獐子岛中央冷藏物流	中日合资	水产品冷冻仓储、贸易服务
中国供销农产品批发市场	国企	农产品批发市场建设和运营
江苏雨润农产品集团	民营	现代化全球采购中心
江苏润恒物流发展集团	民营	农副产品物流园区
中农现代投资股份有限公司	民营	农产品批发市场
山东维尔康实业有限公司	民营	水产肉类批发市场

资料来源：《2015年中国冷链物流发展报告》。

（四）冷库市场环境分析

2014 年的市场环境总体向好，虽然农产品价格涨幅不大，但生鲜电商呈爆发式增长，致使冷库需求持续增加。生鲜电商销售的货品具有多品种、小批量、多频次、快进快出等特点，因此生鲜电商所需求的冷库不仅要有各种不同的温度控制区域，还要进行品类的区分以及精细化管理。

由于目前国内很多冷库建设达不到标准，很多生鲜电商选择自建冷库。例如，顺丰优选在北京、嘉兴和广州建立了 3 个仓库，每个仓库分为 5 个温控区，包括常温区 0℃~30℃、冷藏区 0℃~8℃、冷藏区 8℃~10℃、冷冻区 -18℃~0℃、恒温恒湿区 15℃~18℃，并配有 -60℃冷冻柜，温控区间跨度达 90℃，以满足全品类商品的存储要求，并针对每一种商品分别制定了不同的标准化存储方式。

此外，包括天天果园、沱沱工社、1 号店、我买网、飞牛网、本来生活网在内的很多电商都在增建冷库，希望可以凭借仓储自主突破壁垒，实现"全程冷链"，使其能真正媲美甚至超越"传统超市"。但是，自建一套包括冷库在内的冷链物流系统耗资巨大，当前能实现自建冷链物流系统的主要是一些有实力的大型电商。随着生鲜电商的进一步发展，对智能化、自动化的现代化冷库需求将会持续增加。

（五）冷库行业存在的主要问题

1. 冷库利用率偏低

（1）空间利用率。传统的冷库设计一般高 5 米左右，但在实际操作应用中，尤其是无隔架层的冷库利用率低于 50%，如物品堆码的高度一旦达到 3.2 米时，外包装为纸箱的食品，因重压变形、吸潮等原因极易出现包装破裂、倒塌等现象，导致食品品质降低，造成较大的经济损失。

（2）周年利用率。以兰州市为例：大多数冷库每年 5~10 月贮藏荷兰豆、西兰花、花椰菜、大白菜、甘蓝、百合等新鲜蔬菜，然后以冷藏车、简易汽运等方式运至广州、上海、杭州等南方城市进行销售经营，冷库闲置期长达 6 个月。兰州肉联厂低温冷库贮藏肉制品、速冻食品、雪糕、冷饮等，利用率相对较高。而其他冷库中仅有少量冷库在 10 月至翌年 4 月贮藏水果，其余时间基本关闭闲置，周年利用率仅能达到 50%。

2. 部分冷库设计不规范，存在安全隐患

国内很多冷库属于无证设计、安装，缺乏统一标准，缺乏特种设备安全技术档案。操作人员未经专业培训无证上岗，管理人员安全意识淡薄。部分容积 500 立方米以上以氨为制冷剂的土建食品冷库，其库址选择、地基处理、制冷设备安装等严重不符合《冷库设计规范》（GB50072 - 2001）的要求，存在诸多安全隐患。许多冷库名为气调库却达不到气调的目的，部分低温库一建成就面临停用或只能按高温库降级使用的局面。

3. 制冷系统维修措施不力，设施设备老化严重

制冷机的正常维修周期一般为运转 8000～10000 小时即应进行大维修；运转 3000～4000 小时进行中维修；运转 1000 小时进行小维修。适时对制冷系统进行维修、保养，可以及早消除事故隐患。国内大多数冷库尤其是 20 世纪 90 年代以前所建冷库，设施设备陈旧、管道严重腐蚀、墙体脱落、地基下陷，普遍开开停停，带病运营现象十分严重。

4. 冷库节能未引起足够重视

冷库属于耗能大户。有数据表明：蒸发器内油膜增加 0.1 毫米，会使蒸发温度下降 2.5℃，电耗增加 11%。冷凝器中若存在油膜、水垢，蒸发器外表结霜等均会导致蒸发温度下降，耗电增加。另外，低温库冻结间或速冻装置进货后压缩比小于 8 时，应先采用单级制冷压缩，当蒸发压力降下来后，其压缩比大于 8 时再改用双级压缩制冷方式，而许多低温冷库一开机就启用双级压缩机，使冷库能耗加大。

5. 自动化控制程度较低

国外冷库的制冷装置广泛采用了自动控制技术，大多数冷库只有 1～3 名操作人员，许多冷库基本实现夜间无人值班。我国冷库的制冷设备大多采用手动控制，或者仅对某一个制冷部件采用了局部自动控制技术，对整个制冷系统做到完全自动控制的较少，货物进出、装卸等方面的自动化程度普遍较低（张国东，2013）。

四、国内重要冷库项目建设情况

（一）2014 年新增冷库投资分析

2014 年，各省相继开始了万吨级以上新增冷库项目的建设。据不完全统计，

2014 年完工及投入运营的万吨及以上冷库项目超过 27 个，涉及储存能力 280 万吨，与 2013 年持平；2014 年在建及规划的万吨及以上冷库大于 48 个，涉及储存能力 450 多万吨。2014 年部分万吨及以上新增冷库项目如表 3 - 10 所示。

表 3 - 10 2014 年部分万吨及以上新增冷库项目

区域	省份	项目	容积（万吨）	进度
华东	上海	太古冷链（上海）有限公司	147.2	投入使用
		海薄西红桥冷链物流园区	6	在建
		上海锦江国际低温物流发展有限公司	1	计划
	山东	中凯冷链物流园食品交易城	60	投入使用
		青岛东庄头国际农产品交易中心	10	投入使用
		国际农产品交易物流港	2.2	在建
		好当家 3 万吨冷库项目	3	在建
		宇通贸易水产品加工配送冷链物流项目	2	在建
		言谈果品总公司	2	在建
	江苏	南京天环昌仓商贸广场	30	完工
		太古冷链物流（南京）有限公司	24.8	在建
		中国东部沿海农副产品冷链物流园项目	24	在建
		泰州海陵园区雨润农副产品国际物流中心	10	在建
		江苏厚水湾国际渔业物流中心	3	在建
		宜兴特种水产养殖合作社一期冷库	2.5	投入使用
		洪泽湖水产批发市场万吨冷库	1	投入使用
	安徽	六安吉宝皖江国际冷链物流园	20	在建
		马鞍山御香苑冷链保护物流加工园	20	在建
		淮北凤凰山农贸城二期冷链	3	在建
	江西	大昌水产冷链项目	3	在建
	浙江	太古冷链物流（宁波）有限公司	20.4	在建
		舟山港综合保税区大型冷链物流基地项目	10	在建
		宁波港冷链物流中心	8	在建
		浙江闽东冷链物流中心	8	在建
		温州市现代冷链物流中心	8	在建
	福建	圣农冷链物流项目	6	在建
		三都澳物流 5 万吨冷库	5	投入使用
		平潭万吨级冷链	3	在建

续表

区域	省份	项目	容积（万吨）	进度
华南	广西	田阳古鼎香大市场项目一期	1	在建
	广东	深圳市零下65摄氏度冷冻食品批发城	6	投入使用
		东莞江南农批冷链物流项目	5	在建
华北	北京	北京新发地12万吨冷库项目	12	在建
		北京冷链工程项目	10	在建
	天津	红旗农贸批发市场冷库项目	5	在建
		南太平洋（天津）渔业有限南太平洋渔业基地项目	1	在建
		中渔水产品集散中心项目	5	在建
	河北	太古冷链物流（廊坊）有限公司	14.8	投入使用
		北京新发地河北高碑店农副产品物流园区	21	投入使用
		邯郸华信现代农业物流配送中心	4.4	在建
		沧州华信现代物流配送中心	4	在建
		抚宁县千奥宏都肉食批发有限公司冷链物流项目	2	完工
	山西	太原润恒农副产品（冷链）物流园区	38	在建
		太原市远东食品有限公司远东冷链仓储物流项目	5	在建
	内蒙古	包头润恒现代农副产品物流园	10	投入使用
		包头市农产品冷链物流中心项目	2	投入使用
		呼和浩特市昌璟冷链物流仓储园	5	投入使用
		赤峰雨润农副产品物流配送交易中心	1	投入使用
		呼伦贝尔肉业集团冷链项目	2	在建
华中	河南	郑州鲜美来5吨冷链物流项目	5	在建
		三门峡市年产10万吨农土特产品深加工、冷链物流及研发中心项目	2	完工
		灵宝市鹤立果蔬加工交易5万吨果蔬冷链物流项目	1	完工
	湖北	黄冈安必达冷链物流有限公司	2	投入使用
		武汉蔡甸区万吨级冷库	1.47	封顶
	湖南	长沙黄兴镇5万吨蔬菜冷库	5	完工
		大河西农产品物流中心	3	在建

区域	省份	项目	容积（万吨）	进度
西南	重庆	西部农产品冷链物流中心一期	10	在建
		重庆市冷链物流园一期	20	在建
		江北寸滩冷链物流产业园	10	建成
	四川	成都海霸王西部食品物流园区	20	投入使用
		绵阳国际农业物流港	15	在建
		泸州叙永县农产品冷链物流基地县项目	2	在建
		若尔盖县农牧产品冷链批发市场	1.5	规划
		攀枝花万吨果蔬气调冷链物流中心	1	在建
	贵州	贵州省物资储运总公司牛郎关冷链项目	1	在建
	云南	云南东盟国际冷链物流中心二期	14	在建
		昆明空港冷链物流产业园一期	21	在建
东北	辽宁	大连港国际冷链食品交易中心二期	20	在建
		辽宁省大连海洋渔业国际水产品市场二期	4	在建
		沈阳恒润国际农副产品交易中心	40	投入使用
		四达冷链物流园区	3	投入使用
西北	甘肃	新联友公司冷库产业园项目	10	在建
		农产品标准化冷藏式仓储设施建设项目	15	完成
	新疆	海鸿国际食品物流港一期	10	投入使用
		九鼎冻品批发交易市场二期	8	在建
		苏中农汇园冷链物流园	10	在建
		新疆十六团万吨冷藏保鲜库	1	投入使用

资料来源：《2015 年中国冷链物流发展报告》。

（二）2014 年新增冷库运营状况分析

华东、华北区域仍然是冷库投资建设的重点区域，占冷库建设总量的一半以上。与此同时，西部地区加强了冷库建设工作，西南、西北部地区新增库容攀升至全国新增总库容的 30%。由此可见，2014 年冷库投资的重点区域是我国经济发达区域和经济增长较快的区域。

2014 年新增冷库主要集中在两类：一类是果蔬、畜牧业农产品产地冷库，另一类是物流园区或冷链物流中心冷库。前者属于生产存储型冷库，后者属于流通型冷库。2014 年新增万吨及以上规模冷库中，生产存储型冷库占比约为 11%，其余均为具有采购、储运、加工到分销、服务代理一体化的流通型冷库。在新增生产型冷库中，果蔬类、水产类和肉禽类占比分别为 29%、29% 和 42%（图 3–5）。在新增流通型冷库中，综合类冷库占比最大，约为 95%。

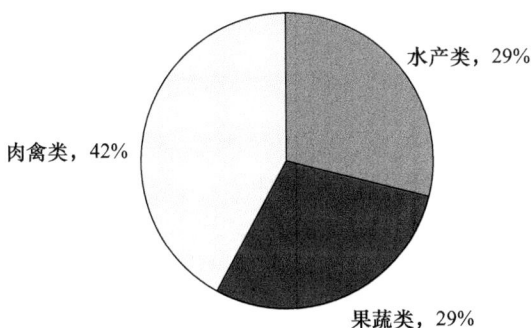

图 3–5 2014 年新增万吨及以上生产型冷库中各类产品占比

资料来源：《2015 年中国冷链物流发展报告》。

五、中国冷库未来发展方向及趋势

（一）未来冷库发展主要趋势：从适合现代冷链物流发展的角度

1. 货架逐渐替代传统的散堆模式

随着现代冷链物流的发展及国内人力成本的提高，传统的散堆式、人工搬运冷库已经不能适应未来冷库的运营要求。越来越多的冷库在设计中已经将货架作为基本的配置。相信在不久的将来，在大型冷库中，除一些散租，如以放置未经加工的原料为主的冷库还采用散堆模式外，绝大多数的冷库将以货架存储为主。

2. 单层装配式冷库逐渐成为冷库的主流

根据实际的工程分析，在采用货架的前提下，多层冷库由于层高及柱网的限制，利用率反而不及单层装配式冷库。此外，由于人工成本的提高，土建冷库的单位造价逐年增加。利用率低加上单位造价高，土建多层货架冷库的单托综合造价远高于单层装配式冷库。

3. 外保温装配式冷库越来越普及

装配式冷库按照结构及保温形式主要分为两类。内保温外结构形式是建筑物的主体结构层位于保温的外侧，由保温材料在库内形成一个连续的封闭空间。内保温是国内的装配式冷库的传统做法。外保温内部结构形式是建筑物的主体结构层位于保温的内侧，由保温材料形成一个连续的封闭空间，将建筑物主体结构包裹在其中。在北美，外保温冷库占据了绝大多数的冷库份额。

相比较传统的内保温冷库，外保温冷库由于无额外吊顶空腔及屋面板，建筑物的总体高度可以降低，节省了投资。同时，外保温冷库保温夹芯板直接在结构柱外侧做外墙围护，无须额外罩衣板，节省了投资。一般而言，对于同样规模的装配式冷库，外保温内结构的冷库可以有效地降低投资，相比较传统的内保温外结构，可以节省5%左右的投资。

此外，外保温冷库的保温屋面施工是在屋面基层板上进行，无论安全性还是施工方便性，都比内保温冷库有不小的优势。并且，外保温所有的制冷管道都是在屋面上铺设，便于检修，而且即使发生泄漏也直接对室外，安全风险降低。外保温冷库所具备的这些优势是近几年其在国内快速发展的直接推动力。

4. 全自动冷库越来越多

对于冷库的投资而言，建筑物部分，特别是屋面和地面占了很大的比重，如果在单位面积内把托板数做到最大，这样按照单托计算的投资就会减少。从这一点讲，全自动库具备这一优势，特别是双进深全自动库，如果按照30米的库内净高，则双进深的全自动库可以达到约6.5托/平方米的存储密度，综合建筑物的投资，这种类型的冷库如果采用国产设备综合造价会在3500～4000元/托，比传统的高货架冷库要节省。而且由于实现了全自动化，后期的运营费用也大大低于传统冷库。这是近几年全自动库快速发展的原因。

5. 多层冷库向大柱网发展

随着现代物流的发展，货架逐步取代散堆成为主流，多层冷库内的货物搬运也逐渐由人工改为机械、叉车。传统的小柱网冷库难以满足这种要求。目前，在一些多层冷库的设计中9米、12米甚至于更大的柱网都有出现。

此外，随着冷库跨度的增加，传统的无梁楼板或框架体系已经难以满足结构要求，大跨度、预应力楼板式结构的冷库也已经在国内有成功的案例。

（二）未来冷库发展的主要趋势：从安全环保及节能的角度

1. 氨－二氧化碳制冷系统越来越普遍

氨和二氧化碳作为热物理性能极为优越的制冷剂，在工业制冷系统中已经有了 100 多年的应用。氨－二氧化碳复叠系统将两种制冷剂的优点融合，既环保节能，又安全可靠。目前在发达国家一些新建的冷库中，氨－二氧化碳复叠系统已经有着不少的应用，如 USCS（United States Cold Storage）已将氨－二氧化碳系统作为其新建冷库的标准配置应用。在国内，个别新建的冷库已经采用氨－二氧化碳制冷系统。随着安全及环保意识的提高，氨－二氧化碳系统越来越普遍。目前，相比较传统的氨双级压缩系统，氨－二氧化碳系统的初期投资大约会高出 10% ~ 15%，但后期的运营费用会低 5% ~ 10%。

2. 排管冷库逐步被冷风机所替代

在现阶段与市场匹配的多层冷库中，排管冷库还是占据主流，并且为租户所接收。相比较冷风机，排管的确存在节能的优势（无风扇的运转电消耗），并且对货物的干耗影响小。但是排管管壁常年挂霜，落霜对货物有影响；并且对于氨制冷系统，采用排管会极大地增加系统灌氨量，提高了制冷系统的风险等级。此外，由于排管的所有焊接都是现场完成，相比较风机，焊缝的质量更难以控制，也增加了泄漏的风险。在造价方面，排管的总体造价已经高于冷风机的造价。在发达国家，排管冷库已经基本淘汰，相信在国内的大型冷库建设中，排管冷库会越来越少。

3. 绿色节能冷库逐步普及

目前在一些新型冷库的设计中，绿色节能的理念贯穿始终，一些节能措施如太阳能发电、雨水收集利用、压缩机变频、感应式 LED 照明得到了应用。如太古（Swire）冷链目前正在实施的冷库，都是按照 LED 绿色建筑认证标准实施。随着环保理念日益被人们所接纳，以后，相同类型的绿色冷库会逐步普及（王斌、李晓虎、杨小灿，2014）。

第三节　中国冷链物流相关产业
发展分析：冷藏汽车

一、冷藏汽车简述

冷藏汽车广义上泛指运输易腐坏货物的专门汽车，也是公路冷链运输的主要交通工具。我国专用汽车主管机构将这些运输装备分为保温汽车、冷藏汽车和保鲜汽车；只有隔热车体而无制冷设备的叫作保温汽车；有隔热车体和制冷设备而且厢内温度的可调范围在0℃以下，并且专用来运送冷冻货物的汽车称为冷藏汽车；有隔热车体和制冷设备（并且自带有加热功能），汽车厢内温度可调范围高于0℃，用来运送新鲜货物的汽车称为保鲜汽车。

目前，市场上冷链车辆种类繁多，品牌繁多，主要品牌有河南冰熊、郑州红宇、中集、镇江飞驰、湖北江南、湖北合力、河南新飞、湖北程力、山东正泰、青岛雅凯、辽宁合力、广州汇联、襄樊新中昌、镇江康飞、东风股份、东风柳汽、江铃、东风商用车、庆铃、江淮、福田汽车、北京北铃等。

从车辆形式上看，分为冷藏集装箱式车、冷藏箱式车、冷藏连杆箱式车等。按制冷机的安装及形式分可为单机制冷式、双温控箱式等。一般服务于海关的运输企业选择拖挂式冷藏集装箱车，运输单一温度的长途车辆选择冷藏箱式车，而服务于超市多温度产品的运输企业多选择双温控箱式车等。

从吨位大小看，冷藏车辆吨位大小会影响到运营成本并限制车辆的使用安排。在冷链货运量能够保证的情况下，车辆吨位越大，单位货物的运输成本越低。这也是为什么国外道路上跑的很多车是大吨位的车辆。但是冷链运输受多方面条件的限制，一般而言，干线运输多为大吨位的车辆，城市配送多为吨位相对较小的车辆。

从制冷能力看，冷藏车辆的功能主要是保持货品的温度。车辆配备的制冷机的功率大小取决于冷藏箱尺寸、货品温度要求、箱体保温材料及环境温度等。一般而言，在特定的区域内，冷藏车辆的制冷机有标准配置，对应相应温度有与其相匹配的制冷机。

从制冷形式看，目前冷藏车辆的制冷形式主要有独立制冷、冷板制冷、液氮或干冰制冷和压缩气体制冷等形式。

从结构上看，目前国内冷藏、保温车的结构大体有两种：板块拼装结构和整体注入发泡结构，可以装侧门，也可加装隔板形成多仓，分别用于冷藏和保温。

二、中国冷藏车产业发展现状与问题

（一）产业发展空间巨大

最近几年，速冻、保鲜食品需求的增长，政府及老百姓对食品安全的重视，都会促进冷藏车需求量的增加。目前，国内大量需要冷藏运输的货物还是靠普通车辆运输，因此冷藏车市场发展前景非常广阔。

（二）市场混乱，缺乏行业标准和法律法规

目前，冷藏车市场混乱，冷藏车质量良莠不齐，企业之间存在不正当竞争。在冷藏车购买行为上，大多数用户把价格摆在第一位，在选车过程中，同样外观但不同质量的车，他们往往更青睐于较便宜的车辆。此外，也有一些冷链物流企业经常采用二手车或者是改装车而非使用正规的冷藏车运输货物。

冷藏运输在中国仍处于初始阶段，有关法律和条例不足，有关专业协会未能充分发挥其帮助政府改善政策，加强行业自律的作用。

（三）市场竞争激烈，面临重新洗牌

目前，我国冷藏车市场领域，行业内相关企业的竞争十分激烈。各老牌冷藏车生产企业致力于规模的扩展，不少商用车大企业也开始进入这个市场，市场格局面临重新洗牌。

国内冷藏车市场主要由中集车辆（山东）有限公司、镇江飞驰汽车集团有限责任公司、河南省冰熊冷藏车有限公司、河南省红宇企业集团有限责任公司等几家老牌企业主导，这些企业的产销量合计已占到冷藏车市场70%的份额。

目前，一些商用车企业如一汽解放、东风商用车、北汽福田等制定了扩大商

用车细分市场的专用车战略，纷纷涉足冷藏车行业。商用车大企业进入冷藏车市场，一方面加剧了市场竞争，另一方面也能促进冷藏车企业提高产品质量和服务水平，使产品向更安全、节能、环保的方向发展。这给许多老牌冷藏车企业带来了竞争的压力，大型商用车企业凭借各方面优势，会对老牌企业形成冲击。

（四）装备陈旧，技术落后

目前，国内冷藏车在冷藏温控技术、制冷设备、隔热保温材料、专用底盘等方面技术还显落后。

温控系统不够精确。温控系统主要是通过温度指标控制车厢内环境，还无法做到对湿度以及空气成分的精确控制，更无法根据产品的性质、包装以及装载方式选择最适宜的送风工况。近年来，一些企业在制作工艺上进行改进，使冷藏车的隔热性能、气密性有了进一步提高，但在工艺性、个性化设计、测试技术和设备等方面与国外先进水平尚存在较大差距。

制冷机组选择参差不齐。国外进口的名牌制冷机价值10多万元，不知名的普通制冷机价值3万元。中国冷藏车市场的不规范，也让一些不规范的小企业有机可乘。

冷藏车绝热材料差异很大。冷藏车是在普通货车底盘基础上，采用耐腐蚀、抗老化的钢板，加上聚氨酯复合材料经高压发泡处理的保温层做成车厢，再配上制冷系统形成的。各企业使用的保温材料不同，价格会有较大差别。

三、中国冷藏车产业未来发展方向

（一）政府引导行业技术创新，规范行业竞争

政府重视冷藏车产业发展，鼓励相关产业升级。冷链产业主要制约因素之一是冷藏运输设备价格太高，中国制冷运输车价格1~2倍于普通运输车辆，为从根本上降低成本、提高社会资源的有效利用率，建议提高冷藏运输产业的集约化水平，强制拆解能耗高、技术落后的冷藏运输设备，给予财政补贴，鼓励企业购买节能和高效率的新设备；完善冷藏运输市场准入制度，鼓励竞争性行业兼并，提高行业的整体竞争力。

（二）发展节能环保新型冷藏车

节能环保是冷藏车产业发展的方向，技术研发应主要围绕箱体绝热性能优

化、新制冷方式研究和新箱体结构研制三大方向发展。

地方政府应抓住产业升级的机遇，扶持一批品牌企业，打造新型冷藏车核心技术。目前，我国冷藏车以机械冷藏车为主要形式，其他形式冷藏车市场占有量较小。新的冷藏运输设备应体现节能环保的概念。以液化天然气（LNG）为冷媒和动力的 LNG 冷藏车正是一种在总结各种冷藏技术基础上发展起来的顺应趋势的理想车型。

（三）将现代化信息技术应用于冷藏车运输行业

基于"互联网＋冷链"的思维，参照国际标准，提出详尽的多门类易腐食品冷藏运输标准以及收货标准。通过仓储管理系统（WMS）、运输管理系统（TMS）、手持式终端设备（RF）、电子标签分拣系统（DAS）和电子看板，实现商品的出入库管理、指令下达和进程管理等，逐步建立智能的安全监控体系，对运输途中车厢环境实施全程温控监测、实时数据传输。物流企业应在收货时向收货方提供车厢环境实时监控数据，收货方以此作为是否拒收货物的依据，并制定拒收货物的经济损失赔偿标准。必要时对冷藏车进行加密处理，避免由于人为原因造成货物损失。避免以某种或某些产品的评价指标作为整个行业产品的评价标准。

（四）充分发挥相关行业协会的桥梁和纽带作用

加快建设冷链相关协会，明确协会职能。冷藏运输行业协会应积极反馈企业需求，参与制定政府政策，建立行业标准，加强行业自律，为企业协调关系、提供技术咨询和援助。

第四节　中国冷链物流相关产业发展分析：冷藏列车

一、冷藏列车简述

（一）冷藏列车分类

冷藏列车主要指铁路保温车，其按结构特征和车内设备的不同大致可分为隔热车和冷藏车，20世纪90年代末期以来，只具有隔热功能的隔热车越来越少，目前提到的铁路保温车一般都指铁路冷藏车。按冷藏方式可分为加冰冷藏车、冷板冷藏车、机械冷藏车。

冷板冷藏车有两种：无制冷机组的冷板冷藏车和机械冷板冷藏车。前者利用地面上制冷机给车上冷板充电，后者利用车上制冷机给车上冷板充电。冷板冷藏车的温度控制可靠性较差，运用范围不如机冷车广泛。

机械冷藏车是目前在铁路冷藏运输中运用的主力车型，分为成组机械冷藏车和单节机械冷藏车。成组机械冷藏车一般有B22、B23等车型，而单节机械冷藏车一般则指B10车型。其中，B22车型在数量上是我国主型的机械冷藏车，由一辆发电乘务组和四辆冷藏货物车组成，发电乘务组连挂在车组中部，各货物车可任意换位、掉头连接。

（二）冷藏列车现有运输形式

铁路冷藏运输主要有两种形式：冷藏列车运输和冷藏集装箱班列运输。具体分以下几种运输组织形式。

1. 铁路行包冷藏快运

铁路行包冷藏快运是指通过改造旅客列车行李车并加装具有控温冷藏、冷冻运输条件的冷藏箱来运输鲜活易腐货物，每天定点定时到发，最大优势是在现有旅客列车速度下，实现鲜花、蔬菜等鲜活产品远距离、小批量、多批次、低运价的运输，能较好地适应冷藏货物保温、保鲜的快运要求，满足货主"抢时间、争市场"的经营需要。这种运输组织方式从2003年起开始运用在昆明至北京、上海、广州、成都、重庆等方向的花卉、蔬菜等云南"绿色产品"的冷藏运输上。昆明站对这些绿色产品在进站、装车、挂运、卸车、运力配置上均实现优先办理，基本上保证了当天剪下的鲜花，从地里摘下的蔬菜、瓜果在当天就能装上配有冷藏设备的行李车运往目的地。

2. 冷藏集装箱快运直达班列

选择冷藏货源充足且稳定均衡，附加值较高的冷藏运输通道开行冷藏箱快运直达班列，实现冷藏货物主要集散地之间从始发站至终到站的一站直达，要求固定编组、车底循环使用，定时、定点、定线和定发到站，始发站和终到站的沿途各站均不进行冷藏箱作业。这种组织方式能使冷藏箱运输等级最高、速度最快，形成自主的铁路冷藏箱快运直达运输班列品牌；但对货源条件要求较高，需要保证始发站组织的货源足以达到开行班列的要求。

3. 冷藏集装箱挂靠既有班列

对于货源长期稳定均衡但不足以开行班列的冷藏运输通道，若通道已具有"五定"班列线路，可将铁路冷藏箱以挂靠现有五定班列线的形式，利用现有班列"定点、定线、定时、定价、定车次"的优势保证冷藏箱运到期限、运送周期。这种组织方式在很大程度上保证了冷藏箱运输的时效性和稳定性，操作实施性强，容易形成铁路冷藏箱运输的线路品牌；但受到现有"五定"班列线路发到站、装卸车站、编组内容、运行径路、开行周期等方面的限制。

4. "客运化"冷藏箱快运班列

对于货源量较大但不足以开行一站直达冷藏箱班列条件的冷藏运输通道，且运输通道不具备挂靠五定班列线路的条件，可在始发站和终到站的运行径路上选择几个具有一定冷藏货源发送或到达规模的结点站进行冷藏箱装卸作业，便于沿途冷藏箱输送，要求固定编组、车底循环使用、定时、定点、定线、定停靠作业站、定始发站和终到站。这种组织方式正是基于集装箱运输组织"客运化"思想提出的，最终形成冷藏箱多点装卸快运班列品牌，一方面保证了冷藏箱快速送达的运输需求，另一方面对货源条件的要求不如开行冷藏箱快运直达班列高，始发站及沿途各站的货源组织相对灵活，因而较容易适应市场需求。

二、中国铁路冷链运输现状分析

在公路、铁路和航空三大运输方式中，公路因其灵活方便在冷链物流运输市场中占有较大份额；航空则以速度优势紧随其后；铁路的市场份额较低。尽管如此，铁路依然存在一定的竞争优势，市场对铁路运输需求强劲。铁路冷链物流运输优劣势分析如下。

（一）铁路冷链运输优势分析

（1）具有全天候运输优势，受天气影响较小，特别是在冬季运往西北、东北方向，以及运往西南等交通困难地区优势明显。

（2）铁路为全程冷藏运输，运输品质较高，随着国家对食品安全要求越来越高，铁路冷藏运输的优势愈加明显。

（3）铁路运输总体能耗较低，节能环保，符合国家发展绿色经济的要求。

（4）铁路适合长距离、大批量运输，尤其是在运输距离超过 1000 千米以上，铁路运输的优势明显。

（二）铁路冷链运输劣势分析

（1）铁路整列运输最快需要 5 天，零散运输途中需要经过编组作业，运输时间较长，需要 7~9 天。

（2）铁路目前主要提供站到站运输服务，两端没有冷库物流基地，造成了冷链的断链，手续繁杂，服务质量低于公路运输。

（3）铁路机保车使用年限长，设备有所老化，批量大，不符合市场小批量、多批次的运输需求。

（4）铁路运价由国家定价，相对固定，难以根据市场情况及时调整。

三、中国铁路冷藏列车运输产业发展方向

（一）提高现有冷藏列车数量和服务质量

随着铁路冷链物流网络的逐步建立和完善，需要增加各种铁路冷藏车辆。例如，我国各类水果、蔬菜产销量巨大，适合大批量的铁路运输，但使用现有机保车运输运营成本高，容重比小，客户亏吨严重，需要新造专门运输工具，如气调保鲜车等；努力实现"门到门"全程冷链物流服务；冷板冷藏车适合货源稳定、定点定线的货物运输，可以发挥成本低、能耗低的优势；青藏高原地区的货源还需要研制高原机械冷藏车。目前，我国冷链运输尚处于起步阶段，冷链市场还没有完全建立，机械式冷藏车为当前合适的选择，因此在营建铁路冷链物流网络的过程中仍然需要配备一定比例的机械式冷藏车。

（二）加快新型铁路冷藏车辆研发

从技术方面考虑，新型冷藏列车应满足以下条件。

（1）运行速度快，速度在 160 千米/时以上，以便组织挂运客运列车运营。

（2）自重轻、容积大、性能好、控温范围广，可根据实际情况变化对车内

温度进行实时调控。

（3）提高冷藏车机组的可靠性和智能化控制程度，实现无人值乘目标。

（4）研究通过受电弓向制冷机组供电的冷藏车，配备高能效蓄电池，在电气化区段由受电弓对制冷机组供电，在无电气化区段由高能蓄电池供电，实现经济、环保要求。

（5）采用大功率车轴发电机可以替代解决电源问题。

（6）研发新型冷藏保温材料、制冷技术、温控技术。

（三）加快新型铁路冷藏集装箱研发

冷藏集装箱便于在货源地与目的地之间实现"门到门"运输，是解决公路、铁路，甚至水路、航空联合运输过程中转货物问题的最佳手段。

而且，现在铁路冷藏货物具有"多品种、小批量、多批次"的运输市场需求，不仅要实现从铁路始发站到终到站的长远距离运输，而且还要实现货源地、最终目的地直接衔接，专业化运输程度高，因而对列车冷藏集装箱的功能有较高的要求。要在冷藏箱结构、尺寸、保温材料、信息化方面，进行技术革新，满足现代冷链物流的需要。

（四）加快冷链通道建设

目前，全国机械冷藏车辆货物车较少，而且均是（4＋1）的B22车组，性能上比较适合运输深冷货物、普冷货物。由于冻肉、冻禽、速冻食品等深冷货源还没有大规模开发，而且铁路还承担着南菜北运等重点运输项目，因此建议先在1～2条重点线路上合理建设铁路冷链运输通道节点，进而逐步完善铁路冷链运输通道，随着市场规模扩大、车辆装备的提升及配套冷库建设的完善，形成冷藏运输网络。

冷链通道建设的主要实现途径：一是可以采取在节点区域内和地方政府共建冷库，租用当地合适冷库，联合当地有实力的公路冷藏物流公司，这样可以为增加仓储、分拣、包装、短途配送等增值服务提供保障，缓解资金投入的压力，实现铁路与公路冷藏运输的共赢。二是依照铁路现有零担运输模式，依托位于冷链运输节点的冷库、公路冷藏车等集结零散货源，使现有的铁路冷藏车组（4＋1）货源得到保证，从根本上解决制约铁路冷藏运输的货源问题，实现铁路冷藏运输的重去重回。三是在冷藏箱班列开行的始发、终到两端采用枢纽内集装箱小运转列车或公路拖车短驳两种主要运输方式进行货物集散，完成冷藏箱从货源装箱地至最终目的地的全程运输。

第五节　中国冷链物流相关产业发展分析：冷藏货机

一、冷藏货机简述

航空冷链运输是冷链运输方式之一，是所有运输方式中速度最快的一种，但是运量小，运价高。目前航空冷链运输的货物主要是鲜花、水果、新鲜肉类、海鲜、疫苗等鲜活易腐货物，此类货物在运输和保管中须采取特别的措施。

二、国外航空冷链运输发展现状

（一）国外航空冷链运输产品范围广泛

目前，国际上已有相当一部分航空公司开展了冷链运输服务，英航全球货运分别针对易腐货物和医药货物推出了保鲜业务（Constant Fresh）和恒温业务（Constant Climate）；美大陆航空公司与冷藏设备制造商 CSafe 公司签署合作协议，该公司每年冷链货运业务产生的收益为 3 亿~4 亿美元，是继活体动物之后的第二大收入；汉莎航空根据为医药客户服务的经验，制订出一套专门应用于高附加值、对温度要求严格的商品如胰岛素、抗生素、疫苗等商品的运输解决方案；美航空公司与专业集装制造商 Envirotainer 开展合作，共同开发温控空运集装箱；阿联酋航空公司针对温度敏感型产品制定了专门的冷链运输方案，同时还向客户提供专门设计的温控式空运集装箱，开展全程冷链运输项目。

美国连续 18 年排名货运第一的孟菲斯机场，其周边由于联邦快递等物流巨头的入驻，带动了冷链物流的发展。世界最大的角膜银行——美国国家眼库中心位于孟菲斯航空城，它是眼球的中心——一个中转站，每年从已故的捐献者转给失明的受捐者 3500 个人类眼角膜。在这里建立实验室是因为看重孟菲斯的重要地理位置和交通设施优势，把眼球空运进来和空运出去更快、更容易。

美国最大的通宵麻醉药品检测站——Advanced Toxicology 每晚对通过联邦快递公司运来孟菲斯的全美 5000 多份样品进行实验。全球著名的鲜花礼品承办商 1 - 800 - Flowers 总部也位于孟菲斯航空城，其基于位于孟菲斯的冷库，由 3PI——Mallory Alexander 国际物流公司操作，每年为该鲜花网络公司处理超过 10 万份订单。1 - 800 - Flowers 从全球各地接收鲜花，由该公司负责处理客户订单，最晚可以在晚上 8 点接受订单，然后挑选、包装和发货，用于第二天交付。

敦豪环球速递（DHL Worldwide Express Inc.）日前宣布其位于上海的生命科学与医疗保健物流中心正式成立。DHL 全球货运物流的生命科学与医疗保健团队在全球设有 16 个物流中心，其一站式的物流涵盖了从原料进口物流、生产制造到分拨物流和包括临床试验、医院直送、销售物流等特殊服务在内的生命科学与医疗保健行业的整条供应链。

（二）法律法规和行业标准完备

发达国家的政府相关部门在冷链食品质量和安全方面制定了一系列的法律、法规和标准。另外，还实施严格的专业认证制度，实行市场准入。

（三）温控和监控设备齐全、信息技术先进

国外冷链技术的发展相当成熟，先进的温控技术已经广泛地应用于机舱、冷库、集装设备、货物包装等，在冷藏品运输过程中大多采用了自动温度检测设备以及自动温控设备，能实时监督冷藏箱内的温度变化从而保证运输的物品不会发生质变。一些航空公司还拥有自己的温控货机机队，并且建立起满足航空冷链运输的冷库。高质量的地面操作还需要完善的信息系统支撑，如温度跟踪和数据采集技术、条形码、RFID、互联网、EDI、GPS、GIS 等物流信息化技术等。

（四）具有高质量的航空冷链运营管理人才

开展冷链运输的航空公司需要专门组建一支拥有专业技能的队伍。例如，阿联酋航空公司有一支由专家组成的队伍，他们研究合适的运输产品，同时在 CCA（全球冷链协会）中发挥着积极作用。

三、中国航空冷链运输发展现状与问题

（一）航空冷链运输需求逐年增长

随着人们对生活品质的追求越来越高，对新鲜农产品及医药制品的时效性要求也随之增加，因而越来越多的农产品及医药制品依赖于航空运输。

在昆明机场，花卉占出港物流总量的80％。特别在节假日期间，每天从昆明机场发往国内大中城市的鲜花已达到400余吨，东南亚国家的鲜花出港总量也达到了每天20余吨。

随着昆明长水国际机场的建成和投入使用，空港经济区也将规划建设昆明空港冷链物流产业园。该项目规划建设占地面积2000亩、建筑面积201万平方米，总投资预计72亿元。项目建成后将成为中国西南部及南亚地区最大的空港冷链物流产业园。打造集国际货运、冷链仓储、国际商贸、流通加工、分拣配送、通关服务、电子商务、国际金融结算，以及中国首家国际食用菌交易所为一体的现代化国际冷链物流综合商贸平台。

我国沿海地区则大量空运鲜活鱼虾等海产品。从大连开始，青岛、上海、厦门、深圳、广州、海口、三亚等机场，海产品运输量占据了机场货邮运输量的较大份额。

（二）航空货运服务模式不能满足冷链运输要求

目前的航空货运模式：货物首先由货代或货主送达机场货站，经安检进入货站库存，之后完成"装箱打板"等包装工作，再运输至停机坪，送上飞机货舱。飞机抵达目的地机场后，货物从机舱卸下被运输至货站暂存后交给提货主，或是直接交给货代。现在的航空货运流程耗时很长，并且不能保证货物时时刻刻处在一定的温度控制下，这样就造成了鲜活易腐物品的损耗。因此，我国现有的航空货物运输模式难以满足"冷链"运输的要求。

（三）冷链软硬件设备均不足

目前，我国鲜活易腐物品的装车、装机大部分是在露天情况下而不是在冷库或者保温场所进行。水果、蔬菜、禽肉、水产品等都是用普通卡车运输。这些鲜活易腐物品在物流环节上损失率很高，大部分产品是在没有冷链保证的情况下运

输的。这主要因为我国冷链设施和冷链装备严重不足，发展和分布不均衡，无法为易腐食品流通系统提供低温保障。

航空冷链运输要求飞机的货舱有相应的温度节制装置，以便为货物设置对应的温度区间。对全货机来讲，满足易腐物品的温湿度要求较为容易。然而，许多货物是通过客机腹舱运输的，这难以满足特殊货物对温湿度的要求。

（四）信息技术落后，无法实现信息共享

我国航空货运信息系统很不完善，物流的各个环节无法及时沟通，物流环节不透明。从干线到同城配送，再到 B2C 的宅配，冷链配送任何一个环节缺失就等同于零。航空货运节点企业——货物代理商、地面操作商、机场、航空公司和货主之间无法实现信息共享，这对冷链运输是极大的威胁。

（五）缺乏专业的航空冷链服务人才

航空承运人在人才引进上重点放在客运上，相对忽视货运人才的培养。尤其是现代物流管理与供应链管理方面，更是缺乏相应的人才。虽然现在各个高校纷纷设立物流专业，但范围宽泛，没有专门的冷链物流学科，因此专业人才的缺乏成为制约航空冷链物流发展的一大障碍。

四、中国航空冷链产业未来发展方向

（一）建立统一的行业标准

通过制定法律法规、国家标准和执法检查监督，规范冷链物流业的健康、有序发展。中国航空运输协会（CATA）的航空冷链运输行业标准《航空货物冷链运输服务规范》初稿日前编写完毕，希望正式方案尽快出台。相关分析认为，《航空货物冷链运输规范》标准的出台，将改善冷链空中运输与地面运输的衔接，对提高民航高端货物运输市场占有量具有重要意义，不仅会对从事冷链运输的物流企业形成利好，对冷链运输设备制造商也有积极影响。

国际航协（IATA）一直努力推行的 Cargo2000 项目是想达到货物准时交付的目标，该项目通过在航空公司和代理人之间建立起严格的流程和双方必须遵守的时间概念，由此推动行业树立起高质量的，让客户满意的运输理念。

（二）引进、培养高质量的航空冷链人才

经营鲜活易腐产品业务的航空公司需要专门组建一支拥有专业技能的队伍。

司机、搬运工等实际操作者都要进行操作规范培训。

为了防止安全事故发生，操作人员必须认真学习和严格遵守各项规章制度，不违章作业；严格执行操作规程和工艺规程，做好各项记录；按时认真进行巡回检查，正确分析、判断和处理各种事故苗头。

（三）大力发展航空冷链设备制造产业

国家鼓励对冷链仓储、物流系统的投资：①冷藏运输必备各种冷藏运输工具，如冷藏车、测温记录仪、带有温控装置的飞机腹舱甚至全货机等；②冷藏储存必备的冷库（选择保温性能良好的材料，注意温度变化后尺寸的稳定性）及封闭式站台，装卸货冷藏运输车、机场冷库等；③销售终端必备的各种冷藏陈列柜，超市暂存冷库等。

（四）推进航空冷链信息化产业发展

由于整个航空运输链较长，经过的环节较多，而冷链物品的运输又需要高标准，容易出现各种各样的问题，但是因为信息技术的落后，并不能确定具体哪方面出了问题，更不能确定相应的当事人。

受技术限制，目前一些公司采用人工确认温度的方法进行温度管理，但这种方式只限于出货和进货时进行测定，缺少运输环节的连续性温控数据。如何实现航空运输全程实时温度监测与控制，是航空冷链管理面临的重点和难点之一。随着 RFID 技术的发展，全程航空冷链管理系统进行温度管理变为可能。贴有 RFID 标签的冷链箱，如同有了一张电子"身份证"。"身份证"可以记录货物所有的信息等，其中包括货物的实时温度信息。一批冷链周转箱出库时，读写器能一次性读取到该批次各冷链保温箱内的所有 RFID 温度标签的信息。物联网的采用，能够对产品在整个航空运输过程中进行连续的监控，包括物品的温度、湿度以及相应的操作人员，实现对冷链产品的全程跟踪。物联网技术应用于航空冷链物流的原材料采购、产品储存、运输、销售等各个环节，能够对整个过程实施智能化监控。这给企业带来了很多的好处，既保证产品的安全和质量，提高生产效率和顾客满意度，降低生产成本，又能确定整条航空冷链运输链上的责任。

（五）提高航空冷链服务协作水平

为保证整个航空运输链各个环节畅通无阻，冷链运作需要机场、航空公司和地面操作代理、发货人等各环节协调合作。发货人在将鲜活易腐产品交给机场和航空公司之前必须先做预冷工作。同样，航空公司也必须实施严格的标准操作流程。航空公司必须知道温度的具体信息，这样才能有的放矢地监控。

机场要设计合理的流程，方便鲜活易腐货物的快速检验，这能够保证货物在经过机场时不会过长时间地停留，以至于引发货物变质。对于没有冷库设备的机场，建议客户在航班起飞前尽可能短的时间到达。

第四章　冷链技术与装备

第一节　制冷技术与装备

一、概述

制冷机（Refrigerating Machine）是一种将物体或一定空间的温度通过机械和制冷剂加以降低的装置。制冷机将具有较低温度的被冷却物体的热量转移给环境介质从而获得冷量。从较低温度物体转移的热量通常称为冷量。制冷机内参与热力过程变化（能量转换和热量转移）的物质称为制冷剂。制冷的温度范围通常在120K以上，120K以下属深低温技术范围。制冷机广泛应用于工农业生产和日常生活中。

制冷机组包括压缩机、冷凝器、膨胀阀、蒸发器和控制系统等。

（一）制冷压缩机

制冷压缩机是制冷装置中最主要的设备，通常称为制冷装置中的主机。制冷压缩机有离心、活塞、涡旋、螺杆等多种类型。压缩机从吸气管吸入低温低压的制冷剂气体，通过电机运转带动活塞对其进行压缩后，向排气管排出高温高压的制冷剂气体，为制冷循环提供动力，实现压缩→冷凝→膨胀→蒸发（吸热）的制冷循环。蒸发器中的液态制冷剂吸收水中的热量并开始蒸发，最终制冷剂与水之间形成一定的温度差，液态制冷剂也完全蒸发变为气态，后被压缩机吸入并压缩（压力和温度增加），高温的气态制冷剂通过风冷冷凝器或水冷冷凝器散热，温度下降并凝结成液体。通过膨胀阀（或毛细管）节流后变成低温低压制冷剂进入蒸发器，完成制冷剂循环过程。

制冷剂蒸气从低压提高为高压，以及气体的不断流动、输送，都借助于制冷压缩机的工作来完成。制冷压缩机的作用如下：

（1）从蒸发器中吸取制冷剂蒸气，以保证蒸发器内一定的蒸发压力。

（2）提高压力，将低压低温的制冷剂蒸气压缩成为高压高温的过热蒸气，以创造在较高温度（如夏季35℃左右的气温）下冷凝的条件。

（3）输送并推动制冷剂在系统内流动，完成制冷循环。

（4）压缩机一般由壳体、电动机、缸体、活塞、控制设备（启动器和热保护器）及冷却系统组成。启动器基本上有两种，即重锤式和PTC式，其中，后者较为先进。冷却方式有油冷却和自然冷却两种。

（二）冷凝器

根据冷却介质种类的不同，冷凝器可归纳为四大类。

（1）水冷却式：在这类冷凝器中，制冷剂放出的热量被冷却水带走。冷却水可以一次性使用，也可以循环使用。水冷却式冷凝器按其不同的结构型式又可分为立式壳管式、卧式壳管式和套管式等多种。

（2）空气冷却式（又叫风冷式）：在这类冷凝器中，制冷剂放出的热量被空气带走。空气可以是自然对流，也可以利用风机作强制流动。这类冷凝器系用于氟利昂制冷装置在供水不便或困难的场所。

（3）水－空气冷却式：在这类冷凝器中，制冷剂同时受到水和空气的冷却，但主要依靠冷却水在传热管表面上的蒸发，从制冷剂一侧吸取大量的热量作为水的气化潜热，空气的主要作用是为加快水的蒸发而带走水蒸气。所以这类冷凝器的耗水量很少，对于空气干燥、水质、水温低而水量不充裕的地区是这类冷凝器的优选型式。这类冷凝器按其结构型式的不同又可分为蒸发式和淋激式两种。

（4）蒸发－冷凝式：在这类冷凝器中，依靠另一个制冷系统中制冷剂的蒸发所产生的冷效应去冷却传热间壁另一侧的制冷剂蒸气，促使后者凝结液化。如复叠式制冷机中的蒸发——冷凝器。

（三）膨胀阀

膨胀阀具有节流降压的作用，经冷凝器冷凝后的高压制冷剂液体经过节流阀时，因受阻而使压力下降，导致部分制冷剂液体气化，同时吸收气化潜热，其本身温度也相应降低，成为低温低压的湿蒸汽，然后进入蒸发器。

（四）蒸发器

蒸发器也是一个热交换设备。节流后的低温低压制冷剂液体在其内蒸发（沸腾）变为蒸气，吸收被冷却物质的热量，使物质温度下降，达到冷冻、冷藏食品的目的。在空调器中，冷却周围的空气，达到对空气降温、除湿的作用。蒸发器内制冷剂的蒸发温度越低，被冷却物的温度越低。在冰箱中一般制冷剂的蒸发温度调整在$-26℃ \sim -20℃$，在空调器中调整在$5℃ \sim 8℃$。

（五）控制系统

控制系统由多个控制器件组成，主要包括制冷剂控制器（膨胀阀、毛细管等）、制冷剂回路控制器（四通阀、单向阀、复式阀、电磁阀等）、制冷剂压力控制器（压力开闭器、输出压力调节阀、压力控制器等）、电机保护器（过电流继电器、热动过电流继电器、温度继电器等）、温度调节器（温度位式调节器、温度比例调节器等）、除霜控制器（除霜温度开关、除霜时间继电器、各种温度开关等）、冷却水控制（断水继电器、水量调节阀、水泵等）、报警控制（超温报警、超湿报警、欠压报警及火警报警、烟雾报警等）、室内风机调速控制器、室外风机调速控制器等。

二、制冷装备（压缩机）市场发展状况

（一）转子式压缩机

转子式压缩机一般用于3匹以下家用空调，极少应用在冷冻冷藏行业。根据统计，中国2014年家用空调市场增长迅猛，总产量接近1亿台，其中，出口约4000万台，内销约6000万台，较2013年增长近20%。

（二）涡旋式压缩机

涡旋式压缩机广泛应用于家用、商用空调行业。相对空调用涡旋式压缩机，制冷用涡旋式压缩机市场占比很少。近年来，涡旋式压缩机在许多冷冻领域有所

应用，中高温小型冷库市场的增长尤为明显。除了冷量越做越大的因素以外，涡旋式压缩机噪声低、密封好、体积小、重量轻等优势是用户考虑的重要原因。

2014 年，制冷用（冷冻）涡旋式压缩机国内总销量达 16 万台，同比增长 12%。目前，艾默生沈阳和艾默生苏州两大生产基地拥有亚洲最大的涡旋压缩机生产能力。艾默生沈阳工厂以生产大型商用涡旋压缩机、半封闭式压缩机和空调用压缩机为主；艾默生苏州工厂主要生产涡旋式压缩机。

作为我国冷冻涡旋式压缩机的龙头企业，艾默生市场占有率超过其他所有企业之和。在过去几年的发展中，艾默生重点关注冷涡旋市场，其冷涡旋产品种类齐全、技术先进。同时，艾默生积极开发半封闭涡旋和数码涡旋技术，在节能环保和工程适用性上得到了新突破，技术保持行业领先水平。除 OEM 客户外，艾默生也为终端用户提供系统的"私人定制"高端冷凝机组，备受便利店、快餐和高级酒店行业用户喜爱。

涡旋式压缩机在低温冷冻行业应用较少，其更多应用集中在中高温空调工况。为了适应冷冻工况的需求，涡旋式压缩机企业不断创新。无论是变频解决方案还是数码涡旋解决方案，都可有效提高涡旋式压缩机的性能，拓展其在冷冻行业的应用范围。另外，涡旋式市场竞争较小，龙头企业应提高机组集成工艺，提升定制化能力。这样，涡旋机组在未来小型连锁超市、快餐连锁、便利店展柜和小型商用冷库等细分市场中可获得一席之地。

（三）活塞式压缩机

虽然活塞式压缩机有诸多优点，但活塞式压缩机存在体积较大、不适合家用空调产品等缺陷，所以主要应用于商用或小型家用制冷领域。目前，国产活塞式压缩机凭借高性价比，深受小型商用制冷项目，尤其是小型冷库项目用户的喜爱。

活塞式压缩机具有诸多优势，在我国许多制冷行业均被大规模使用：

（1）活塞式压缩机跨界性强。活塞式压缩机功率较大，适用压力范围和排气量范围较广，可广泛应用于冷库、冻干机、速冻机、陈列柜等制冷设备。

（2）我国活塞机配套市场完善，活塞机配件丰富。

（3）企业和客户对活塞机认识比较深刻，售后维修技术相对成熟。

（4）活塞机制造门槛低，生产企业多，厂家推广积极性高。

然而，活塞机的先天优势也给它的市场发展带来了许多困扰。目前，中国国产品牌的活塞机市场鱼龙混杂，产品质量参差不齐。首先，活塞机易损件多，检修、大修频繁。在我国小型冷库应用中，各类活塞压缩机产品品质差距悬殊，普遍返修率极高。其次，我国许多小厂家对活塞机结构和组装比较熟悉，返修机、翻新机、二手机、假冒机现象频发，严重侵害消费者利益，更给名牌企业造成不可挽回的信誉危机。我国山东省、河南省和浙江省，假冒伪劣产品盛行，市场缺乏有效监管。

（四）螺杆式压缩机

螺杆式压缩机凭借其高效、节能、性能稳定等诸多优势，在空调和冷冻市场增长迅速。近年来，随着开启式和半封式螺杆在技术上不断成熟，无论在中高温小型螺杆与半封闭活塞式压缩机市场的较量中，还是在低温冷冻应用中，螺杆式压缩机的优势越来越明显。同时，中低温螺杆式压缩机对生产工艺和企业技术实力要求较高，目前市场比较正规，很少有仿冒产品出现。从结构来讲，螺杆式压缩机检修频率低、排气温度低、易损件比活塞式压缩机少，所以在低温制冷领域里，螺杆式压缩机相对于活塞式压缩机有着更高的性价比和适用性。目前，我国许多科研机构、低温冷库、石油化工、生物制药等行业广泛采用螺杆式压缩机。

2014 年，螺杆式压缩机市场增长 20%，全年销售总量为 11900 台。第一梯队企业比泽尔、汉钟、复盛市场份额占 78%；第二梯队企业占 22%，主要包括老牌螺杆式压缩机重点企业来富康和日本神钢、前川几家企业。螺杆式压缩机匹数越做越小，应用范围不断扩大，侵蚀了部分大型活塞式压缩机市场。

（五）工业螺杆式压缩机和离心式压缩机

工业制冷压缩机主要应用在大型食品加工及速冻、生物制药、石油化工、大型冷库及各类实验室或军工等领域。大型工业制冷压缩机多以氨或氨－二氧化碳复叠制冷解决方案为主，压缩机类型包含大型开启活塞压缩机、开启螺杆式压缩机和离心式压缩机。

工业冷冻项目是一个系统，用户不仅需要企业提供产品，更需要企业在设计、施工、集成和售后等方面给出专业的、长期的支持。换言之，大型工业制冷市场的竞争并不仅是制造能力的竞争，而是一个综合平台的竞争，这种平台的搭建需要时间和沉淀，这也是为何工业制冷市场近年来没有出现新竞争者的原因。

2014 年，工业制冷压缩机销量共 8220 台，其中开启螺杆式压缩机 6000 台，开启活塞式压缩机 2220 台。随着工业制冷行业的不断发展，活塞式压缩机市场份额逐渐下滑，螺杆式压缩机将成为市场主流，其主要原因在于活塞机易损件多、故障率高、稳定性差。当然，活塞机在大型船用等领域有着自身优势，虽然可靠性有待提高，但其高效节能、性价比高的特点使其在某些细分应用中，短期内仍存在忠实客户和不可替代性①。

第二节　冷链监控与信息技术

近年来，我国各大冷链物流公司纷纷加快冷链信息化建设，加速冷藏车的更新换代，建立冷链物流中心，实施全方位 GPS 卫星定位系统、RFID 冷链温度管理系统、仓库管理系统、仓库恒温系统等一系列措施，加大对食品冷链运行全过程的有效监控。

一、冷链传感器技术与装备

（一）传感器行业概况

传感器是一种检测装置，能感受到被测量的信息，并能将感受到的信息，按一定规律变换成为电信号或其他所需形式的信息输出，以满足信息的传输、处理、存储、显示、记录和控制等要求。传感器早已渗透到诸如工业生产、太空开发、海洋探测、环境保护、资源调查、医学诊断、生物工程，甚至文物保护等极其广泛的领域。传感器技术在发展经济、推动社会进步方面的重要作用，十分明显，因此世界各国都十分重视这一领域的发展。

---

① 《2014 年度中国制冷行业发展分析报告》，中国制冷学会。

传感器的特点包括微型化、数字化、智能化、多功能化、系统化、网络化，它不仅促进了传统产业的改造和更新换代，而且还可能建立新型工业，从而成为21世纪新的经济增长点。微型化是建立在微电子机械系统（MEMS）技术基础上的，已成功应用在硅器件上做成硅压力传感器。近年来，流量传感器、压力传感器、温度传感器在我国的市场规模最大，分别占到整个传感器市场的21%、19%和14%。预计未来传感器市场的主要增长将来自于无线传感器、微系统传感器、生物传感器等新兴传感器[①]。

（二）我国传感器产业关键词

传感器、通信及计算机被称为现代信息系统的三大支柱。传感器技术发展与应用也成为衡量一个国家信息化程度的重要标志。2014年，中国传感器产业化推进大会在江苏召开。从该会议上获悉，我国2014年敏感元件与传感器销售额突破1200亿元。2015年需求量可达约652.9亿只，销售额预计突破1300亿元。

目前我国传感器产业发展现状可用3个关键词来概括：位置、特征、环境。

1. 产业位置：感知技术是信息技术的基础

完整的信息技术由处理、传输、感知、行为、内容、系统组成。在这6个组成部分中，后面4个要素，即感知、行为、内容、系统是当前需要快速发展的。尤其是感知技术，它是信息技术的基础部分，没有感知，就没有信息的来源。同样，从经济社会发展转型的角度看，无论是工业4.0，还是智能制造，如果没有传感技术，工业的转型升级就失去了基础。

2. 产业特征：多样化

从产业技术特征看，传感技术与其他信息技术产业有很大不同，它不是围绕一个物理规律、技术方向发展的，其典型特征是多样化，无论是感知广阔的宇宙、生物体的辨识，还是应用于环境领域，均遵循着不同的物理规律，沿着不同的方向发展。

随着国内产业结构调整与转型升级加速，传感器在汽车、家电、装备类、医疗、环保等领域的应用大幅增加。在农业、环保、医疗卫生以及食品检测类方

---

① 2015年我国传感器行业发展趋势分析，www.chinabgao.com。

面，特别是物联网技术的应用可以用突如其来、无法估量来形容。

3. 产业环境：绝大部分仍要依赖于进口

未来5年内，全球传感器复合年增长率预计将超过10%，2015年全球市场值将达到1770亿美元，受可穿戴、智能制造技术加快和全球经济复苏等因素的影响，市场需求可能出现更大幅度增长。

就我国而言，传感器市场需求高、发展迅速，但也存在着技术水平偏低、种类欠缺，研发能力差等问题，因此我国传感器需求，尤其是高端需求严重依赖进口，国产化缺口巨大，目前传感器进口占比80%，传感器芯片进口占比达90%。国产化需求迫切。目前我国传感器企业有1600多家，大都为小微企业；产值过亿的企业仅占总企业数量的13%，全国不足200家；从事MEMS研制生产企业只有50多家，而且规模和应用都较小；产品种类齐全的专业厂家不足3%。没有形成足够的规模化应用，导致我国传感器存在技术低但价格高的问题，国际市场上优势不足，也使得市场竞争更为激烈。

长期以来，行业整体技术分散、规模偏小、呼声偏弱、认知不够；产业分散、管理分散、政策支持分散，缺乏统筹规划、顶层设计；缺乏合理资源配置和强大政策扶持，标准体系不完备等因素，是制约传感器产业化发展的成因①。

（三）我国传感器产业发展趋势

传感器行业的应用广泛，在各个领域都有着不可替代的作用。我国传感器产业的发展将出现以下八大趋势。

（1）传感器产业化发展模式：要加速形成从传感器研究开发到大生产一条龙的产业化发展模式，走自主创新和国际合作相结合的跨越式发展道路，使我国成为世界传感器的生产大国。

（2）传感器产品结构要向全面、协调、持续发展。产品品种要向高技术、高附加值倾斜，尤其要填补"空白"品种。

（3）企业生产规模（年生产能力）向规模经济或适宜规模经济发展。量大面广的通用传感器生产规模将以年亿只计，一些中档传感器生产规模将以年产

① 工信部原副部长杨学山致辞，2015年中国传感器产业化推进大会。

1000 万只（含以上）计；而一些高档传感器和专用传感器的生产规模将以年产几十万只至几百万只计。

（4）生产格局向专业化发展。专业化生产的内涵为：①生产传感器门类少而精；②专门生产某一应用领域需要的某一类传感器系列产品，以获得较高的市场占有率；③各传感器企业的专业化合作生产。

（5）传感器大生产技术向自动化发展。传感器的门类、品种繁多，所用的敏感材料各异，决定了传感器制造技术的多样性和复杂性。纵观当前传感器工艺线的概况，多数工艺已实现单机自动化，但距离生产过程全自动化尚存在诸多困难，有待今后广泛采用 CAD、CAM 及先进的自动化装备和工业机器人，予以突破。

（6）企业的重点技术改造应加强从依赖引进技术向引进技术的消化吸收与自主创新的方向转移。

（7）企业经营要加快从国内市场为主向国内与国外两个市场相结合的国际化方向跨越发展。

（8）企业结构将向"大、中、小并举"、"集团化、专业化生产共存"的格局发展①。

（四）温/湿度传感器发展状况及趋势

冷链中应用最为广泛的传感器设备是温度和湿度传感器，通过它们可将处于冷库或冷藏设备中的被冷藏商品的冷藏温度和湿度实时传递出来，以反映冷藏系统的工作状态是否处于所要求的温/湿度范围之内。如果冷藏温/湿度高于或低于商品所需的设定温度，可及时将问题反馈给温/湿度控制系统，以便及时进行调整，以保证商品始终处于最佳冷藏温/湿度。

1. 温度传感器发展状况及趋势

温度传感器广泛用于工农业生产、科学研究和生活等领域，数量高居各种传感器之首。它的发展大致经历了以下三个阶段：

（1）传统的分立式温度传感器（含敏感元件）。

---

① 我国传感器产业发展将呈现八大趋势，http：//www.chinairn.com。

（2）模拟集成温度传感器/控制器。

（3）智能温度传感器又叫数字温度传感器。

国际上新型温度传感器正从模拟式向数字式、由集成化向智能化及网络化的方向发展。20 世纪 90 年代中期最早推出的智能温度传感器，采用的是 8 位 A/D 转换器，其测温精度较低，分辨力只能达到 1℃。国外已相继推出多种高精度、高分辨力的智能温度传感器，所用的是 9 ~ 12 位 A/D 转换器，分辨力一般可达 0.5℃ ~ 0.0625℃。由美国 DALLAS 半导体公司新研制的 DS1624 型高分辨力智能温度传感器，能输出 13 位二进制数据，其分辨力高达 0.03125℃，测温精度为 ±0.2℃。为了提高多通道智能温度传感器的转换速率，也有的芯片采用高速逐次逼近式 A/D 转换器。以 AD7817 型 5 通道智能温度传感器为例，它对本地传感器、每一路远程传感器的转换时间分别仅为 27us、9us。进入 21 世纪后，智能温度传感器正朝着高精度、多功能、总线标准化、高可靠性及安全性、开发虚拟传感器和网络传感器、研制单片测温系统等高科技的方向迅速发展。目前，智能温度传感器的总线技术也实现了标准化、规范化，所采用的总线主要有单线（1 - Wire）总线、I2C 总线、SMBus 总线和 SPI 总线。温度传感器作为从机可通过专用总线接口与主机进行通信。

2. 湿度传感器发展状况及趋势

在常规的环境参数中，湿度是最难准确测量的一个参数。用干湿球湿度计或毛发湿度计测量湿度的方法，早已无法满足现代科技发展的需要。这是因为测量湿度要比测量温度复杂得多，温度是个独立的被测量，而湿度却受其他因素（大气压强、温度）的影响。此外，湿度的标准也是一个难题。国外生产的湿度标定设备价格十分昂贵。

近年来，国内外在湿度传感器研发领域取得了长足进步。湿敏传感器正从简单的湿敏元件向集成化、智能化、多参数检测的方向迅速发展，为开发新一代湿度/温度测控系统创造了有利条件，也将湿度测量技术提高到新的水平。

（1）湿敏元件的特性。湿敏元件是最简单的湿度传感器。湿敏元件主要有电阻式、电容式两大类。

湿敏电阻的特点是在基片上覆盖一层用感湿材料制成的膜，当空气中的水蒸气吸附在感湿膜上时，元件的电阻率和电阻值都发生变化，利用这一特性即可测量湿度。湿敏电阻的优点是灵敏度高，主要缺点是线性度和产品的互换性差。

湿敏电容一般是用高分子薄膜电容制成的，常用的高分子材料有聚苯乙烯、聚酰亚胺、醋酸纤维等。当环境湿度发生改变时，湿敏电容的介电常数发生变化，使其电容量发生变化，其电容变化量与相对湿度成正比。湿敏电容的主要优点是灵敏度高、产品互换性好、响应速度快、湿度的滞后量小、便于制造、容易实现小型化和集成化，但其精度一般比湿敏电阻要低一些。

湿敏元件的线性度及抗污染性差，在检测环境湿度时，湿敏元件要长期暴露在待测环境中，很容易被污染而影响其测量精度及长期稳定性。

（2）集成湿度传感器的性能特点及产品分类。目前，国外生产集成湿度传感器的主要厂家及典型产品分别为 Honeywell 公司（HIH－3602 型、HIH－3605 型、HIH－3610 型），Humirel 公司（HM1500 型、HM1520 型、HF3223 型、HTF3223 型），Sensiron 公司（SHT11 型、SHT15 型）。这些产品可分成以下三种类型：

1）线性电压输出式集成湿度传感器。典型产品有 HIH－3605/3610、HM1500/1520。其主要特点是采用恒压供电，内置放大电路，能输出与相对湿度呈比例关系的伏特级电压信号，响应速度快，重复性好，抗污染能力强。

2）线性频率输出集成湿度传感器。典型产品为 HF3223 型。它采用模块式结构，属于频率输出式集成湿度传感器，在55％RH 时的输出频率为8750Hz（型值），当湿度从10％变化到95％时，输出频率就从9560Hz 减小到8030Hz。这种传感器具有线性度好、抗干扰能力强、便于配数字电路或单片机、价格低等优点。

3）频率/温度输出式集成湿度传感器。典型产品为 HTF3223 型。它除具有 HF3223 型的功能以外，还增加了温度信号输出端，利用负温度系数（NTC）热敏电阻作为温度传感器。当环境温度变化时，其电阻值也相应改变，并且从 NTC 端引出，配上二次仪表即可测量出温度值。

3. 单片智能化温湿度传感器

2002 年，Sensiron 公司在世界上率先研制成功 SHT11 型、SHT15 型智能化温湿度传感器，其外形尺寸仅为 7.6（mm）×5（mm）×2.5（mm），体积与火柴头相近。出厂前，每只传感器都在温度室中做过精密标准，标准系数被编成相应的程序存入校准存储器中，在测量过程中可对相对湿度进行自动校准。它们不仅能准确测量相对湿度，还能测量温度和露点。测量相对湿度的范围是 0%～100%，分辨力达 0.03% RH，最高精度为 ±2% RH。测量温度的范围是 -40℃～+123.8℃，分辨力为 0.01℃。测量露点的精度 < ±1℃。在测量湿度、温度时，A/D 转换器的位数分别可达 12 位、14 位。利用降低分辨力的方法可以提高测量速率，减小芯片的功耗。SHT11/15 型的产品互换性好，响应速度快，抗干扰能力强，不需要外部元件，适配各种单片机，可广泛用于冷链温/湿度调节系统中。

二、冷链温控技术与装备

（一）我国冷链低温控制现状

我国每年约有 4 亿吨生鲜农产品进入流通领域，果蔬、肉类、水产品冷链流通率分别达到 5%、15%、23%，冷藏运输率分别达到 15%、30%、40%。但我国冷链产品温控现状不容乐观。以食品为例，某研究机构 2007 年发布的《上海超市食品安全研究报告》指出，上海超市生鲜供应链断链现象十分严重，供应商送达超市的冷冻冷藏食品温度检查结果表明，只有不到 20% 的供应商完全符合温控标准，其中温度合格率最低的只有 12%。

冷冻冷藏食品运输环节的车辆温控状态差，商品不合格现象很严重。从企业访问调查中发现：冷冻冷藏食品运输环节的温控状态比较差，食品不合格现象很严重。从某外资超市公司对供应商送货车辆与食品的温度记录中发现，该超市上海地区 2007 年 5～6 月供应商送达店铺的冷冻冷藏食品温度，在 11 家供应商中只有光明乳业与荷美尔两家的合格率为 100%，其他 9 家供应商所提供的食品的温度检测合格率均低于 100%，最低的合格率只有 12%。冷冻食品的标准温度应为 -18℃，但该食品实际上最低只有 -13.7℃，最高达到 5.8℃。这一情况在与内资超市经营者的座谈会上也得到了证实，与会者纷纷表示这种现象十分普遍。不仅如此，超市生鲜加工配送中心送往门店的商品也存在同样问题。车辆设备老化陈旧与多次卸货是两个主要原因。车辆老化，温度达不到标准要求；冷藏冷冻商品混装，多次卸货，导致车辆温度无法达到标准要求。

（二）我国冷链温控发展规划

根据国家发展改革委 2010 年公布的《农产品冷链物流发展规划》。我国计划 2015 年将全国冷库总容量在 880 万吨的基础上增加至 1000 万吨，建成一批效率高、规模大、技术新的跨区域冷链物流配送中心，冷链物流核心技术得到广泛推广，形成一批具有较强资源整合能力和国际竞争力的核心冷链物流企业。

该规划提出建立主要品种和重点地区农产品冷链物流体系。农产品冷链物流是指使肉、禽、水产、蔬菜、水果、蛋等生鲜农产品从产地采收（或屠宰、捕捞）后，在产品加工、贮藏、运输、分销、零售等环节始终处于适宜的低温控制环境下，最大程度地保证产品品质和质量安全、减少损耗、防止污染的特殊供应链系统。鼓励企业在产地、销地建设低温保鲜设施，从源头实现低温控制，建立以生产企业为核心的冷链物流体系，实现产地市场和销地市场冷链物流的高效对接。鼓励大型零售企业开展生鲜食品配送中心建设，提供第三方冷链物流服务。

目前，全程冷链和实时温控是摆在冷链产品生产企业、冷链物流企业和监管部门面前的一道亟须破解的难题。冷链物流行业的发展也迫切需要建立统一的物流规范和操作标准作为支撑。受技术限制，目前一些物流公司采用人工确认温度进行温度管理，这种方式只限于出货和进货时进行测定，缺少运输环节的连续性温控数据。如何实现全程实时温度监测与控制，是冷链企业进行冷链管理时突出的重点和难点之一。

（三）我国冷链温控行业标准现状

2015 年 3 月 25 日，由中物联冷链委、河南省鲜易供应链股份有限公司主起草的《肉禽类冷链温控运作规范》行业标准启动会在武汉成功召开，湖南绝味食品股份有限公司、夏晖物流、福建安井食品股份有限公司、漯河双汇物流投资有限公司等单位参加了本次会议。会议的召开，标志着《肉禽类冷链温控运作规范》行业标准起草工作正式全面启动。

《肉禽类冷链温控运作规范》规定了畜禽肉类冷链温控的术语和定义、基本要求、流通环节、风险控制、包装及标志等方面的要求。此标准适用于中心温度

0℃~4℃的冷藏肉禽类产品和-18℃以下的冷冻肉禽产品的冷链运作。肉禽类产品生产过程中涉及的服务标准也可参照该标准执行。这一行业规范的出台，将规范国内的肉禽行业，保障肉禽产品的消费安全，促进肉类产品、冷链物流行业的良性发展。

冷链行业其他温控标准也在积极筹划和准备中。

（四）我国冷链温控行业现状及未来发展方向

近年，我国温控器增长喜人，一些原有生产企业逐渐拓展生产线，一些与制冷相关企业开始进军温控器市场。据统计，我国长三角、珠三角、东北三省，以及内陆省份均有为数不少的温控器生产企业，但还缺少能够引领行业发展的大品牌和大企业。温控器的市场还没有实现统一化、规范化面对竞争压力，国内众多的温控器打起了价格战，没有把重心放在产品的质量和售后服务方面，导致恶性循环。

在企业求发展的内驱动力和竞争白热化的外驱动力组合下，温控器行业两极分化显现。一些靠模仿、抄袭短暂生存的企业，因为产品普遍存在自动化程度不高、能效性不足、同质化严重等问题，再加上受低价竞争、成本因素等影响，利润被吞噬，企业进入"危险期"。一些新成立企业，或者发展步伐缓慢的企业则进入到瓶颈期，难有革命性产品出世。

对比中小企业，或者是新进入市场的企业，一些龙头企业在中高端市场优势明显，同时还有更多精力和能力完成技术创新，并拓展到多领域。

产品是企业立足的根本，国内企业在中央集中控制、大型冷链等产品应用上差距明显。与此同时，行业领军企业江苏精创、黄石先达、苏州新亚等在高端领域影响力越来越强，这得益于企业注重技术创新和产品革新，不断开发的高附加值产品增强了市场竞争力。

以江苏精创为例，该公司是国家级高新技术企业、江苏省制冷暖通节能控制工程技术研究中心、江苏省博士后创新实践基地、中国《温控仪计量检定规程》和《易腐食品冷藏链温度测量》标准起草单位。精创开发的冷链监测（物联网）系统、冷链温湿度控制器、温湿度记录仪、冷库电气控制箱、温湿度环境测量仪、空气能热泵控制器、车用空调控制器等，可应用于不同领域和处所，主要解决基于冷链的运行需要，实现对冷链各个环节的温湿度进行精准监控，温度异常报警；各种厨房柜、饮料柜、展示柜、医疗柜、冷冻冷藏柜等制冷系统的温度控制等。截至 2013 年，产品销往 60 多个国家，市场占有率居行业榜首。

未来温控器将朝着安全、节能、环保、个性化、外观可控等方向发展。苏州新亚未来产品依然围绕着安全性、可靠性、节能、环保而思考。沈阳意控从技术创新出发，具有自主品牌的特征，满足个性化设计，并为客户量身定制。常州东启以操作方便、配套齐全等优势在中小客户中赢得了口碑，将大力推广温控器，提升产品硬件和技术实力，并在业内加强东启温控器的影响力。广东库通则以宽大的面板设计、触摸技术、智能化应用取胜。一些新成立的小公司也在研发上有所突破，比如威海经济开发区锦贝制冷商行的峰谷型温控表可以根据冷库高峰、低谷调整用电，运行费用比传统节约 30% ~50%。

三、冷链物联网技术与装备

（一）物联网技术为冷链物流产业发展增添生机

2013 年 2 月 17 日，国务院下发物联网政策指导意见，从指导意见上不难看出，除了通信信息技术以外，物联网政策、冷库冷链物流受益最大。

本次国务院下发物联网政策指导意见提出，到 2015 年，实现物联网在经济社会重要领域的规模示范应用，突破一批核心技术，初步形成物联网产业体系，冷库冷链物流安全保障能力明显提高。对农业、商贸流通、节能环保、安全生产等重要领域基础设施，围绕生产制造、商贸流通、物流配送和经营管理流程，推动物联网技术的集成应用，抓好一批效果突出、带动性强、关联度高的典型应用示范工程。此外，积极探索物联网产业链上下游协同共赢的新型商业模式。

疫苗从储存冷库通过冷藏车运往外地，这个过程中疫苗的温度和质量会发生什么变化，在外界环境下有什么样的影响？现今这些问题都可以得到答案，功臣当然是物联网技术。物联网能有效监控冷链物流全过程，集成冷藏车 GPS 定位/温度检测技术、电子地图和无线传输技术的开放式定位监管平台，实现对冷藏车资源的有效跟踪定位管理，并将定位信息和企业业务资源中的关键信息（比如温度）进行整合，让厂家和客户实时获取运输环节的温度变化。

运用物联网技术，能够以较低的成本控制从生产到销售以及到用户的全部信息，在销售端也能够很迅速地把销售的情况反馈给生产厂家。生产厂家获得了信息后，能够根据市场的具体变化来安排生产，在减少库存的同时也减少了企业生产风险。从生产到销售的全过程变得更加智能化，更加可控。

崭新高效的管理和实时监控全程冷链过程的科学模式是产业发展更高的目标。虽然将物联网技术用于冷链物流的原材料采购、产品储存、运输、销售等各个环节，对整个过程实施智能化监控仍需攻克一些技术难题，但是可以预见，随着国家对冷链投入的不断加大，未来信息化的物联网企业必然在冷链物流行业占据更多的市场份额，冷链产业会蓬勃发展。

（二）进一步促进物联网技术和冷链产业相结合

在 2015 年全国"两会"上，全国工商联提交了《关于加大物联网技术在冷链物流产业中的运用的建议》（以下简称《建议》）。该《建议》指出，我国冷链物流缺少有效的管理方法，特别是现有监测技术手段滞后，主要采取人工测量和纸面记录的方式；无统一数据系统支持；实时性差、监管脱节；取证困难、无法确定责任；无法进行预警、损失率大等，而物联网应用能够很好地解决这些问题。

1. 成本需要政府先期投入

针对上述因信息不完善造成的物品安全问题，《建议》认为通过物联网 RFID 等相关技术，可以实现物品位置跟踪、原料溯源、库存盘点、出入库与拣货等电子化作业，特别是可以对物流全程进行温湿度监控。因此，加强药品和食品流通领域的冷链物联网建设，进行冷链数据服务的运营、管理和监督，不仅有助于加快物联网相关技术的产业应用，而且可以有效加强食品药品追溯、监督管理。

但是，物联网应用于冷链物流需要较高的成本，企业需要较大的投入，在一定程度上会影响企业积极性。因此，工商联建议，在涉及民生领域、有政府监管需求的社会公共安全管理，如药品、食品的冷链物流等领域应用上先行先试，再逐步应用到公共服务市场、行业与企业应用市场、个人家庭市场。由政府先期引导，逐步发展为成熟并具有规模的市场，实现政府与市场双轮驱动。

2. 技术上构筑管理信息化平台

冷链物流几乎介入了食品从生产到销售的全生命周期，其间涉及生产和流通过程的部门非常多，所以必须运用专业的物流管理信息系统建立物品全生命周期信息档案，科学地整合生产、分销、仓储运输、配送等供应链上下游的信息。由于基础建设条件的限制，相比发达国家，我国冷链物流信息化发展滞后，管理也未能形成一体化。

因此，要应用物联网创新技术，加快冷链物流信息化建设。充分利用现有RFID 技术、3S（GPS、GIS、RS）技术及冷链物流信息化技术，加快建设一批冷链物流示范工程，实现冷链产品（食品、农产品与医药等）全生命周期和全过程实时监管，促进冷链运输管理的透明化、科技化、一体化。

不过，硬件建设只是物联网发展的前端，后端的数据传输、信息处理、智能化业务管理与运营则是整个物流网链条的未来核心部分与价值高端，这恰恰是推广物联网应用的难点。以冷链物流为例，生产商、批发商、零售商之间缺少同一平台，则难以实现网络互连和数据共享。

对此工商联建议，鼓励相关企业建立、运营农副产品冷链物流信息平台、医药冷链信息平台等，运用物联网等高新技术手段实现各职能实时监控。政府通过创新基金、政府补贴和政府购买服务等方式，给予一定资金支持。

3. 监管上要制定强制性标准

冷链物流技术的实施要有一定的监管部门，而监管的前提是有一定的标准。全国工商联建议以国家标准为牵头，相关管理部门积极参与，制定相关的冷链物流操作标准。对于以下保证生命安全的食品、药品，要制定强制性行业标准、药品编码统一标准等，保证冷链物流技术实施标准化，严控冷藏链各环节的运行状况，保证各环节食品质量安全。

同时，要对电子信息平台进行监管。电子信息平台在运作上和传统市场区别很大，大部分市场类法规呈现出较大的局限性，缺乏有针对性的法律法规体系，这是造成目前监管难以深入的主要原因。

因此，首先，要加强调研，弄清基本运行机制。针对电子信息平台的准入门槛、运作规范、风险控制、监管要求等出台相应的法规，明确主管部门和监管职责，以使此类平台的设立、发展、监管有法可依。其次，电子信息平台涉及网络服务、信息安全、金融资本、仓储物流等多个方面，单个部门既没有能力也没有职权开展全方位全过程的监管。由此，需要建立完善的高度联动的监管机制①。

（三）物联网技术在冷链产业的应用案例

案例一：雨润将物联网技术应用于产品各冷链环节

2013年，江苏雨润肉类产业集团有限公司的"基于物联网的肉品安全溯源系统"通过鉴定。该追溯系统由雨润集团和南京财经大学电子商务重点实验室共同开发完成。鉴定委员会专家一致认为，该项目采用物联网的多种传感等相关技术，研发养殖场环节的猪舍环境监测系统、生猪生长状态记录系统和猪舍摄像监控系统，已达到国际先进水平。该技术不仅可以为企业用户提供肉品各个生产环节的信息追踪，而且为消费者提供肉品溯源信息的查询平台。雨润集团创建了一条从源头到终端的安全食品链，覆盖种植、饲料、育种、养殖、屠宰、精深加工、冷链贮运和销售等各个环节，"基于物联网的肉品安全溯源系统"将具有极强的实用性②。

案例二：无锡最大冷库智能运用物联网技术

无锡天鹏菜篮子工程有限公司自主研发的RF系统—无线仓储系统在众多科研院所、产学研合作项目中脱颖而出，获得"2010年全国商业科技进步奖二等奖"。天鹏自1998年开始采用了信息化的管理方式，但多年止步于"进销存"系统，进库出库的速度仰赖于"人脑"，平均提货速度在40分钟左右。由于采取"专人专区"方式，一旦有一区的人员休息，还有可能当天提不到货。为此公司在2008年新建冷库时，天鹏决定在管理系统上全面更新换代。半年后RF系统研发成功，无线仓储管理系统开始在1号冷库使用，收货、检验、上架、拣选、补货、发货、盘点等环节全面升级。

条形码、WiFi、数据链技术及进口扫描仪器的联合发力，让冷库的"存储记忆"完成了从"靠人脑"到"靠电脑"的转变。客户提货的时间由此缩短了一半，仅需20分钟左右。2号冷库建设时加入了RFID技术，完成了从"条码"到"芯片"的转变，叉车上的移动终端直接与货架托盘芯片匹配比对，免去了扫描

---

① 《关于加大物联网技术在冷链物流产业中的运用的建议》，全国工商联。
② 冷链产业网，http://www.lenglian.org.cn。

条形码的环节，提货时间再次缩短。

物联网技术的引入与多年的冷库管理经验结合，更提升了食品安全的指数。据了解，这一全市最大的冷库有 6 万吨的存储量，淡季的日吞吐量都有数百吨，目前较为集中的品类是海产品、鸡产品等，还承担着储备肉的职能。

天鹏方面介绍，基于物联网技术的"智能冷库"对货物的生产日期和保质期都有记录，全程电脑监控，至少在保质期前一个月提醒客户；同时设立"门禁"系统，没有食品安全凭证的不让进，不是客户提取的不能出，否则都会直接报错给信息中心为"非法进入"。

案例三：海南利用物联网技术大力发展冷链物流

海南规划建立集成商务基地、设备培训基地、高端农业、健康特区四大板块的物联网产业，预计到 2020 年，四大板块将力争为海南创造千亿元经济规模。

其中，高端农业板块方面，将利用物联网技术，大力发展农产品溯源和冷链物流建设，向全国和国际市场输送安全、特色、高质、绿色的热带农产品，发挥海南热带特色农产品优势，打造高品质、高利润率的高端农产品品牌；以现代农业物流和以生态观光度假农业为特色场景的旅游将带动相关产业链的发展①。

（四）冷链产业物联网技术应用优秀企业案例

精创电气在冷链物联网温控领域积累了 17 年的研发、制造和配套经验，是国家级高新技术企业，是《温控仪计量检定规程》、《餐饮冷链物流服务规范》、《冷链运输车辆应用选型技术规范》的起草单位，是江苏省制冷暖通节能控制工程技术研究中心，也是亚洲制冷行业规模较大的微电脑温控器生产企业，主要产品包括库狗远程报警监测仪、微电脑温湿度控制器、温湿度记录仪、制冷机组电气控制箱、数字温湿度计、智能卤素检漏仪等，广泛应用于暖通空调、冷链物流、医用低温、宠物水族等行业，作为冷链物联网行业领导者，产品市场占有率高居国内行业榜首，在全球同类产品市场中亦位居前列。

近年来，精创电气承担国家火炬计划项目 3 项，国家科技型中小企业创新基金项目 1 项，省级科技计划项目 6 项，市级科技项目 4 项。拥有授权专利 65 项，

---

① 全球制冷网，http：//www.qqzl.cc/。

其中发明专利 6 项，省级高新技术产品 9 项，省级软件产品 21 项，国家级计算机软件著作权 11 项。精创电气已在北京、广州、福州、西安、成都、沈阳、郑州、济南、上海等 10 多个城市设立了直属营销网点，1400 余家经销商遍布全国，是海尔、海信、三洋等冷链物联网终端厂商的战略合作伙伴，产品出口至全球 50 余个国家和地区。

公司生产两款库狗远程报警监测仪产品。

（1）RC - 40 库狗冷库远程记录报警监测仪。适用范围：适用于食品、医药、设施农业、特种养殖等行业，广泛应用于食品库、医疗库、医疗柜、农业大棚、孵化养殖场等场所，也可以应用于化工、气象、环保等需要对温湿度进行记录远程监测和报警的场所。

（2）RCW - 100 库狗冷库远程报警监测仪。适用范围：适用于各种食品、医药、设施农业、特种养殖等行业，广泛应用于食品库、医疗库、医疗柜、农业大棚、孵化养殖场等场所，也可以应用于化工、气象、环保等需要对温度进行远程监测和报警的场所。

第三节　冷链保温材料技术

一、保温材料概况

保温隔热材料因建筑节能需求而兴起，建筑保温材料的研制与应用越来越受到世界各国的普遍重视。20 世纪 70 年代后，国外普遍重视保温材料的生产及其在建筑中的应用，力求大幅度减少能源的消耗量，从而减少环境污染和温室效应。国外保温材料工业有很长的历史，建筑节能用保温材料占绝大多数，而新型保温材料也正在不断地涌现。

1980 年以前，中国保温材料的发展十分缓慢，但中国保温材料工业经过 30 多年的努力，特别是经过近 20 年的高速发展，不少产品从无到有，从单一到多样化，质量从低到高，已形成品种比较齐全的产业。

保温材料有很多种类，应用范围也很广。

比较常用的有：玻璃棉制品、维耐隔热毯、绝热泡沫玻璃、聚氨酯等。

玻璃棉制品的用途：空调保温、风管保温、钢结构保温、锅炉保温、除尘器、蒸汽管道保温等。

维耐隔热毯的用途：石油、化工、热电、钢铁、有色金属、工业炉等行业热工设备的隔热保温与保护。船舶、火车、汽车、飞机等交通设备的高温隔热；家电产品的保温隔热，如烧烤炉、烤箱、电烤箱、微波炉等；浸入树脂加工成板状，是地产建筑及冷气机优良的衬垫隔热、消音材料。

绝热泡沫玻璃的用途：建筑墙体保温、楼宇屋顶等节能防水应用；各种烟道内衬和工业窑炉的保温应用。各种民用冷库、库房和地铁、隧道等基础绝热应用；高速公路、机场和建筑等基础隔离层应用；游泳池、渠坝等防漏防蛀工程；中低温制药绝热系统；船舶业舱板保温应用。

目前，聚氨酯材料是国际上性能最好的保温材料。硬质聚氨酯具有很多优异性能，可用于冷库、冷藏车或保鲜箱，彩钢夹芯板隔热层，石化、冶金等各种管道的保温保冷等。欧美等发达国家的建筑保温材料中约有49%为聚氨酯材料，而在中国这一比例尚不足10%。因此，聚氨酯材料在中国的发展还有很大的空间。

二、冷链保温材料简介

制冷与制冷保温是冷链物流的两大核心。近年来，我国冷链市场规模一直保持着持续扩大的态势。随着冷链物流行业标准的推进和我国环保政策日趋严格，一些更加环保和高效的冷链技术与产品逐渐进入应用阶段。保温材料大量应用在冷库建设和冷藏车上，作为冷链的基础性关键产品之一，其性能优劣直接影响冷链的效果。保温材料有许多种，包括聚氨酯、聚苯乙烯，还有传统的岩棉和玻璃纤维等，保温与防火性能也各尽不同。其中，聚氨酯以低热传导率著称，采用聚氨酯材料保温不仅能有效提高保温性能，而且能一定程度上增加冷藏库容，并且经久耐用、维护便利，是适用于冷藏保温的优选材料。材料性能比较如表 4－1 所示。

表4-1 硬质聚氨酯泡沫和其他保温材料保温性能比较

性能	SFP 聚氨酯喷涂	XPS 挤塑聚苯乙烯	EPS 模塑聚苯乙烯
导热系数（25℃）	最低（≤0.024）	低（≤0.030）	一般（≤0.041）
整体保温阻水	佳	一般	一般
自黏结	极佳	无	无
保温层与基层之间空腔	无（类似于"满黏"）	有（50%~60%）	有（50%~60%）
保温板之间板缝	无	有（存在横缝、竖缝、板平面高低缝）	有（存在横缝、竖缝、板平面高低缝）
异型墙面施工	极佳	可以，但施工很困难、复杂	可以，但施工很困难、复杂
化学稳定性	好	一般	一般
施工效率	高	一般	一般
陈化期	1~2天	28天（自然条件）	42天（自然条件）
使用温度	长期：-30℃~90℃ 短期：90℃~250℃	≤75℃（在75℃软化，并在90℃~100℃融化）	≤75℃（在75℃软化，并在90℃~100℃融化）
防火性能	热固性，焦炭化	热塑性，熔滴	热塑性，熔滴

资料来源：转引自张杰、区德妍（2013）。

三、我国冷链材料行业现状

保温材料市场竞争激烈。2011年，冰箱消耗聚氨酯硬泡组合料27.4万吨；冰柜消耗聚氨酯硬泡组合料7.9万吨，冷藏集装箱消耗聚氨酯硬泡组合料2万吨，冷藏车消耗聚氨酯硬泡组合料0.5万吨。冷藏保温行业消耗掉超过34万吨以上聚氨酯硬泡组合料，保温材料需求的扩大客观上促进了企业争抢力度。

目前，我国冷藏保温行业发展已经相对比较成熟，市场整体集中度较高，大型企业居多，加之大部分大型硬泡组合料企业都涉及这一行业，该行业整体竞争较为激烈，市场化程度较高。根据相关数据，2010年在中国的冷藏保温行业中，南京红宝丽在冰箱行业所占份额较大，在整体冷藏保温行业中所占份额达14%左右，万华荣威市场份额占比为6%，而拜耳、巴斯夫和亨斯曼随着近几年在国内冷藏保温等行业更倾向于向本土企业采购量，所以整体市场份额逐步缩减，分别为4%、5%和3%，其他厂商合计占比为68%。

2010 年 7 月，国内最大的聚氨酯硬泡组合聚醚项目在南京化工园竣工投产。聚氨酯硬泡组合聚醚生产基地由南京红宝丽股份有限公司投资 2.5 亿元兴建，一期工程年产将达 5 万吨。项目投产后，红宝丽公司硬泡组合聚醚的年总产量将达9 万吨，成为名副其实的全国第一、国际领先[①]。

---

① 中国保温网，http：//www. cnbaowen. net。

第五章 冷链产业服务与保障

第一节 冷链服务及评价

一、冷链信息管理系统

冷链物流是为保证食品安全和品质、减少食品损耗，将易腐、生鲜食品在生产、储藏、运输、销售直到消费前的各个环节中始终处于规定的低温环境下，使各个物流环节处于完全低温环境并实施全程温控的特殊供应链系统。

冷链物流具有两个特殊性：一是对象的特殊性，冷链物流的对象是容易腐烂变质的生鲜食品、药品等；二是作业环境的特殊性，冷链物流的储运和作业环境必须限制在适宜的低温环境下，必须严格遵循"3T 原则"，产品最终质量取决于在冷藏链中贮藏和流通时间（Time）、温度（Temperature）和产品耐藏性（Tolerance）。"3T 原则"指出了冷藏食品品质保持所允许的时间和产品温度之间存在的关系。由于冷藏食品在流通中因时间—温度的经历而引起的品质降低的累积和不可逆性，因此对不同的产品品种和不同的品质要求，有相应的产品温度控制和贮藏时间的技术经济指标。

近年来，随着我国冷链物流的迅速发展以及安全风险意识的提高，冷链物流中冷链商品的安全问题得到了社会各界的广泛关注和重视。冷链物流中商品实时安全控制、冷冻商品温度变化检测、信息的及时溯源和处理也逐渐成为关注的焦点，而这一切离不开完善的冷链信息管理系统。

目前，我国冷链信息管理系统的建设普遍不完善，缺少有力的监管措施。冷链产业各业务中涉及多个环节，至少要考虑生产、仓储、运输、销售、监管等，这些环节衔接良好才能保障冷链商品质量（见图 5-1）。冷链物流的规范配送、发展和质量控制离不开及时地对这些环节做到信息的追溯、反馈，将其控制在安全、合理、规范的范围之内。

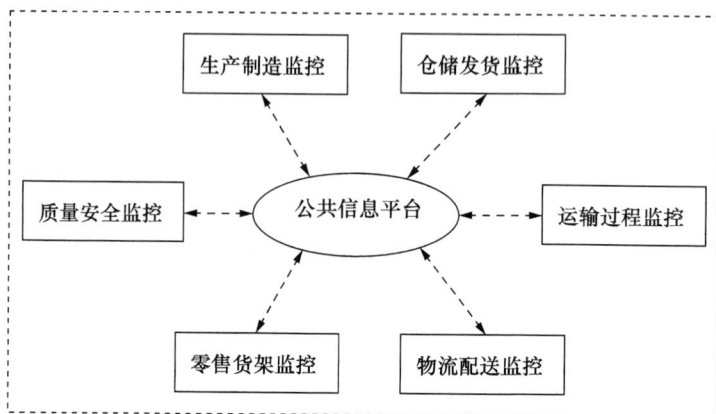

图 5-1　冷链信息系统管理对象

冷链物流涉及环节众多，情况复杂，要提高我国冷链物流行业的水平，必须完善冷链物流信息系统建设，实施全程监控，以保障商品安全、商家和消费者权利。同时，完善与信息系统建设相配套的政府安全管理机制、应急管理机制，真正做到源头可追溯、流向可跟踪、信息可存储、产品可召回。

二、冷链流程监控系统

冷链物流把易腐、生鲜食品、药品等的生产、运输、销售、经济和技术等各种问题集中起来考虑，协调相互间的关系，以确保易腐食品在加工、运输和销售过程中的质量及安全，是具有高科技含量的一项低温系统工程。

在冷链流程中，实现从生产、仓储、运输、销售等各个环节的无缝对接，实现冷链运输产品的温度保持恒温不变，是冷链产业一直在努力的目标。但实际上，无缝冷链实施难度较大，冷链物流常出现断链现象。冷链断链主要有以下几个方面的因素：

首先，从标准制度来讲，目前出台的冷链物流标准，大多是推荐性标准，对企业的约束力很小。无规矩不成方圆，标准建立不完善，标准执行不到位，是目前国内冷链发展的普遍问题。

其次，冷链物流的基础薄弱。目前，国内绝大多数冷库是露天月台，超市等销售终端场所没有专门的生鲜食品接收通道，冷冻食品从露天月台装车到露天月台卸货，装卸货阶段可能最长会有数小时暴露在常温状态下，温度波动不可避免。

最后，从业人士对冷链物流的重视度不够。对很多冷冻保鲜产品经销商来讲，很多不用甚至没有冷藏车送货，很多人觉得冷冻食品"只要不解冻就是安全的"。殊不知，产品温度的波动，同样影响冷冻产品的质量和安全。

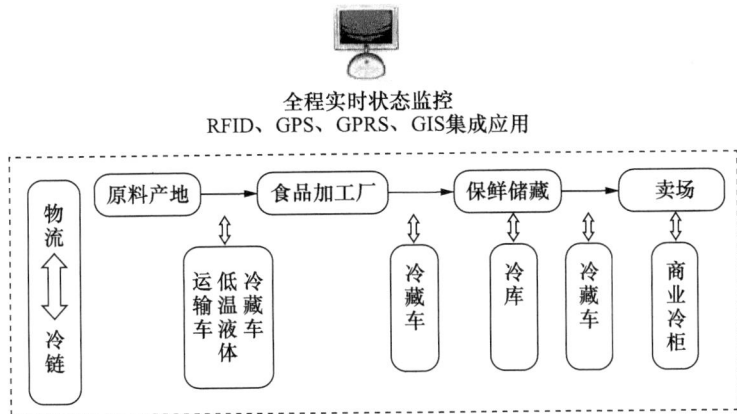

图 5 - 2　全程冷链监控示意图

据了解，双汇集团近年来自购了数百辆各种型号的全自动控制冷藏车辆。工厂生产好的肉制品，进入恒温的冷库后，由移库车运送至配送中心，然后再由配送中心通过配送车发往各个卖场。无论是移库车，还是配送车，全部是保持恒温，保证全程冷链运输。所有冷藏车辆全部采用进口制冷设备，可以根据产品所需温度先行设定，保障产品在途恒温运输。同时，为有效监督车辆送货途中冷链运行状况，所有车辆安装了温度跟踪仪。通过温度跟踪仪反馈的数据，对产品在途温度控制做到全程监控，并通过物流 ERP 系统、车辆 GPS 定位系统，做到冷链物流科学管理，冷藏车辆实时控制。双汇集团也因此打造出"从源头到终端"的全程食品安全监控体系，做到"源头有保障，全程有冷链"。

三、冷链质量监控系统

在冷链物流行业，传统的温度监控手段可行性差，耗费人工成本较高，数据导出的工作量大，缺乏全面监控的可操作性。当前新兴的 RFID 温度标签技术，使全过程温度监控、大范围监控成为一种可能，成为冷链物流质量监控常用的信息化技术方案。

RFID 温度标签是一种智能化产品，实现无人监守、无线传感、智能记录，产品具备高稳定性和抗干扰性，全部按照工业等级标准进行设计生产，充分考虑冷链行业的低温、冷凝水雾环境要求，产品可以抗低温、水环境，并拥有很高的灵敏度。带温度传感器的 RFID 标签和专业的手持终端（温度标签数据采集器）一起作为套餐提供给用户，操作异常简单。RFID 标签可重复使用，内置高能锂电池供电，电池寿命长达 3 年，而且 RFID 存储量大，操作简便，读写距离最远30 米，不需人工干预，不需脱离物品。RFID 标签提供了 ID 码，同时可以关联记录冷藏车车牌号和货物标识，可连续记录温度数据、有准确时间记录、容易责任界定，方便信息追溯，可以快捷把握生鲜度管理中最重要的运输途中的温度状况，促进流通过程中的生鲜度管理的改善（改善出货方法、选定物流路线）。同时，可以与 GPS 联合使用，准确记录行车路线，配合 GIS 系统，合理调配冷链资源。

冷链质量监控系统可以通过先进的 RFID 技术，革新温度监控手段，解决传统监控设备易操作性差、人工成本高、出错率高的弊端，在需要恰当的温度管理以保证质量的生鲜食品和药品的物流管理和生产流程管理中，将温度变化记录在"带温度传感器的 RFID 标签"上，对产品的生鲜度、品质进行细致地、实时地管理，可以简单轻松地解决食品、药品流通过程中的变质问题。

　　冷链质量监控系统对环境温度进行严格的监控、记录、分析、决策，无线传输到计算机，可通过专业软件对数据进行分析和输出（见图5－3）。同时，可以广泛应用在医药卫生、冷库储存、冷藏运输等领域以及其他需要符合严格温度监控的行业。

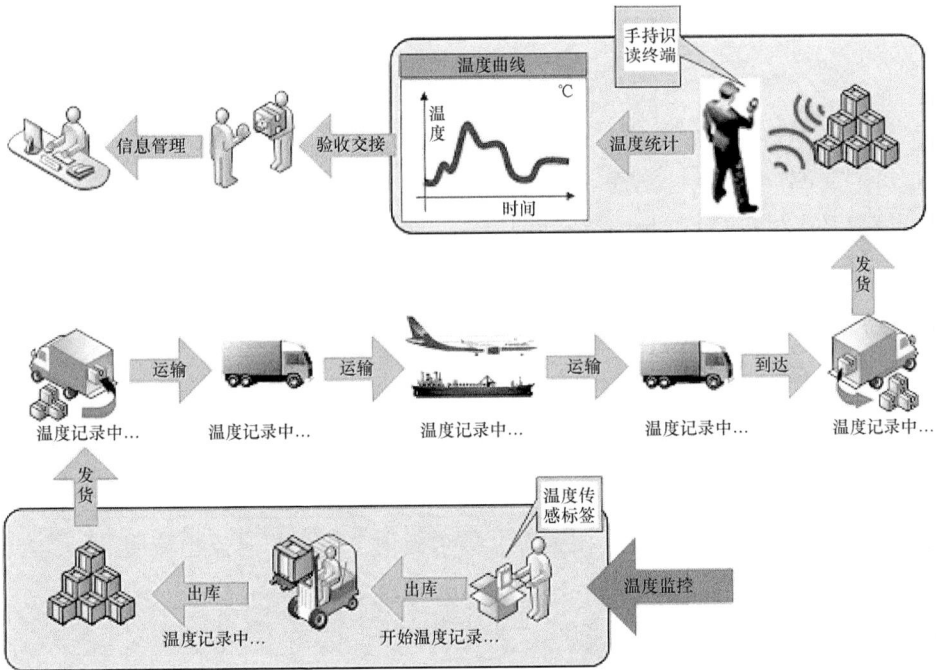

图5－3　全过程冷链温度监控示意图

四、第三方冷链服务评价

（一）冷链服务模式

　　目前，冷链商业模式逐渐清晰，综合分析共有七种类型。

　　第一种是运输型，包括零担，以从事货物低温运输业务为主，包括干线运输、区域配送以及市内配送。目前，中国冷链按此种模式运营的代表企业有双汇物流、荣庆物流。

第二种是仓储型，以从事低温仓储业务为主，为客户提供低温货物储存、保管、中转等仓储服务。目前中国冷链市场按此种模式运营的代表企业有太古、普菲斯。

第三种是城市仓配型，以从事城市低温仓储和配送一体业务为主，按此种模式经营的企业目前来看具有一定的区域局限性，很难实现跨区域服务，但利润还不错。如北京快行线、上海中外运冷链、深圳曙光。

第四种是综合型，以从事低温仓储、干线运输以及城市配送等综合业务为主，比如招商美冷、上海广德、北京中冷、重庆雪峰。

第五种是交易型，以农产品批发市场为主体从事低温仓储业务为主，比如联想白沙洲、海吉星、江苏润恒、福建名成。

第六种是供应链型，供应链是围绕核心企业，通过对信息流、物流、资金流的控制，从采购开始一直到终端整个过程提供低温运输、加工、仓储、配送服务，然后由分销网络把产品送到消费者手中的将供应商、制造商、物流商、分销商，连成一个整体的功能网链结构。目前，中国冷链按此种模式运营的代表企业有众品、良中行、联想增益供应链、广东华新。在美国，代表企业有 SYSCO、USFOOD。

第七种是个性化的企业，根据企业需求提供个性化的温控物流服务，比如冷链宅配，代表型企业雅玛多。

（二）国家层面服务评价亟待完善

标准的缺失是制约冷链发展的一个重要方面，国家有关部门对标准的管理亟待完善。近年来，国家有关部门纷纷加大了对冷链项目的支持。商务部的放心肉工程、"农超对接"工程，质监部门的食品追溯系统，科技部支持的冷链物流企业运营公共信息平台，农业部的蔬菜标准园建设等，这些项目都有对冷链标准的相关要求。然而，标准的执行成为冷链发展的薄弱环节。

国家各个部门之间缺乏应有的沟通交流，这造成了冷链标准的多头管理、分散交叉，同时又都不全面，缺乏协调机制。这样，多种标准在市场上往来冲突，不仅百姓感觉云里雾里，就连企业也不明就里。同时，多头监管，也造成了"谁都管不好"的局面，出现了一些监管的"真空地带"；出了问题后，又互相推诿，或默不作声，这种局面必须尽快通过体制创新得到扭转。

在目前这种权利被分割的情况下，各部门应加强沟通交流。比如，各部委间要建立一个冷链信息交流的平台，让冷链标准这个"岛"，从各个方向都有通往大陆的"桥"。

（三）行业亟须规范的服务评价

1. 冷链服务现状

为何很多冷冻食品从冷库到超市存在严重的食品安全隐患，即所谓"饺子一下锅就散，鱼一下锅就碎"，问题出在易腐食品在运输环节的温度波动。而造成这一现状的原因，除了冷链食品在运输环节的不规范、超市和商场存储不当等因素导致冷链食品"掉链子"外，一个最重要的原因是目前我国冷链物流标准混乱：一方面，目前我国冷链物流标准在国家标准、行业标准和地方标准上相互交叉；另一方面，大部分冷链物流标准为推荐性标准，不具有强制性，约束力极低，对冷链物流企业指导作用非常有限。

2015 年 7 月初闹得沸沸扬扬的所谓走私冷冻肉事件，就很让人深思。据了解，目前我国对冷冻肉的存储期限方面没有强制性的法规；只有牛肉方面有可参照的推荐性标准《GB/T17238 - 2008 鲜冻分割牛肉》适用，规定"冻分割牛肉应贮存在低于 - 18℃的冷藏库内，贮存不超过 12 个月"，其他肉类冻品保质期尚无明确规定。

2. 冷链物流管理

冷链物流的精细化管理一般是围绕温度控制进行的。整个冷链从仓储、运输到配送，再到终端消费，都必须在规定的温度范围之内，它涉及人员的配备、装货的效率、时间的配合等。举例说，可以精细到每台车都必须配备两个驾驶员，以防止疲劳驾驶，每 4 个小时更换一次驾驶员；要放两个温控仪，中间放一个，后面放一个；每台车上都配备红外检测仪，就是为了装货之前测量温度，因为一个产品的出库温度对于整个冷链运输途中是非常重要的，首先从起点就把温度控制好，然后中途每 4 个小时做一次温度记录。其他诸如对冷库环境、卫生、人员身体健康等，无不有严格和具体的要求。

现在的问题是，很多冷链物流企业，对标准的监管往往还停留在技术层面和粗线条的监管，更主要的是，很多企业的管理还只是对人的管理，认为只要把合适的人放在合适的岗位上就是管理到位了。由此派生出的问题是，忽视对管理细节的严格要求和依据标准进行日常的动态的管理。

（四）物流企业冷链服务评估指标

根据 2014 年 12 月 22 日颁布的 GB/T31086 - 2014 物流企业冷链服务要求与能力评估指标标准，运输型、仓储型和综合型冷链物流企业的冷链服务评估指标分别如表 5 - 1、表 5 - 2、表 5 - 3 所示。

1. 运输型物流企业冷链服务评估指标

表 5 - 1 运输型物流企业冷链服务评估指标

基本条件		要求及说明				
项目	类别	五星	四星	三星	二星	一星
温控设施设备要求	①自有冷藏（冻）车数量*	≥200 台	≥100 台	≥50 台	≥25 台	≥10 台
	②冷藏（冻）车厢*	干净整洁，符合 QC/T450 中对冷藏（冻）车厢的要求				
	③数据采集终端	冷藏车厢内有必要的温度数据采集终端，并有定期检查校正记录				
	④温度监测系统*	冷藏车内温度实时监测、记录			冷藏车内温度定时监测、记录	
信息化监控追溯水平	⑤温度数据*	自物品交与客户之日起 3 个月内温度数据保存完善并可查询			自物品交与客户之日起 1 个月内温度数据保存完善并可查询	
	⑥TMS*货物跟踪	有 TMS				
		自有涉冷车辆100%以上装有冷链运输监控设备				
客户认可度	获得核心客户颁发的证书	有 2 家以上	有 1 家以上			
社会认可度	获得国家一级社团组织或各级政府颁发的资质类、荣誉类证书	有 2 个以上	有 1 个以上			
流程管理水平	⑦准时率	≥95%	≥90%	≥85%		
	⑧有效投诉率	≤1%	≤2%	≤5%		
	⑨错单率	≤1%	≤2%	≤3%		
	⑩管理制度*	有健全的物品交接制度、清洁卫生制度、冷链通用流程关键点控制操作规范制度，落实到位				
	⑪应急预案*	包括但不局限于：冷机故障预案，在途车辆故障预案				

续表

基本条件			要求及说明				
项目	类别		五星	四星	三星	二星	一星
流程管理水平	⑫冷链一线操作人员	数量*	≥300人	≥150人	≥75人	≥38人	≥15人
		培训	经过相关业务培训，有培训计划及记录				
		健康要求	农产品、食品装卸搬运作业人员应持有卫生部门发放的健康证明				
		执证上岗率*	叉车工、电工、驾驶员等需执证上岗的，100%执证上岗				
	⑬冷链物流服务功能		可为客户制定整合冷链物流资源的解决方案，提供优化冷链业务流程的运作方案				

注：标注 * 的指标为企业必备指标项目，其他为参考指标项目；TMS 指的是运输管理系统（Transportation Management System）；核心客户颁发的证书指生产企业、食品企业、餐饮企业等甲方授予冷链物流企业的服务资格认证。

资料来源：GB/T31086 – 2014 物流企业冷链服务要求与能力评估指标标准。

2. 仓储型物流企业冷链服务评估指标

表5 – 2　仓储型物流企业冷链服务评估指标

基本条件			要求及说明				
项目	类别		五星	四星	三星	二星	一星
温控设施设备要求	①冷库标准及容积*		冷库建设应按 GB50072 执行				
			30000m³	20000m³	10000m³	8000m³	4000m³
	②冷库功能区		建有不高于15℃的低温穿堂或封闭月台、预冷间或复冻间等功能区				
	③冷库门气密性*		一次完全开启时间大于 5 秒的冷库门外侧应设置冷风幕并在内侧设置耐低温透明塑料门帘			有必要的密封装置	
			配备有与运输车辆对接的密封装置				
	④叉车数量*（或大型装卸设备）		≥4台（有）	≥2 台		≥1 台	
	⑤数据采集终端		冷库内有必要的温度数据采集终端，并有定期检查校正记录				
	⑥温度监测系统*		冷库内温度实时监测、记录		冷库内温度定时监测、记录		

基本条件			要求及说明				
项目	类别		五星	四星	三星	二星	一星
信息化监控追溯水平	⑦温度数据*		自物品出库之日起6个月内温度数据保存完善并可查询			自物品出库之日起3个月内温度数据保存完善并可查询	
	⑧WMS*	系统	有WMS，冷链业务进销存实现信息化管理，对库内温度数据实时掌握		库内有温度测量装置，温度记录完善		
		库区监控	具备对库区主通道、货物交接区的监控能力，影像资料保存3个月				
客户认可度	获得核心客户颁发的证书		有2家以上		有1家以上		
社会认可度	获得国家一级社团组织或各级政府颁发的资质类、荣誉类证书		有2个以上		有1个以上		
流程管理水平	⑨盘点准确率		≥99%		≥97%		≥95%
	⑩破损率		≤1%		≤2%		≤3%
	⑪丢失率		≤0.2%		≤0.5%		≤1%
	⑫管理制度*		有健全的物品交接制度、清洁卫生制度、冷链通用流程关键点控制操作规范制度，落实到位				
	⑬应急预案*		包括但不局限于：水灾、火灾、虫害、鼠害预案，断电应急预案，冷机故障预案				
	⑭冷链一线操作人员	数量*	≥30人		≥15人		≥5人
		培训	经过相关业务培训，有培训计划及记录				
		健康要求	农产品、食品装卸搬运作业人员应持有卫生部门发放的健康证明				
		执证上岗率	叉车工、电工等需执证上岗的，100%执证上岗				
	⑮冷链物流服务功能		可为客户制定整合冷链物流资源的解决方案与优化冷链业务流程的运作方案				

注：标注*的指标为企业必备指标项目，其他为参考指标项目；冷库指的是储藏冷链物品的特需仓库，包括冷藏库、冷冻库和气调库等低温仓库；WMS指的是仓库管理系统（Warehouse Management System）；核心客户颁发的证书指生产企业、食品企业、餐饮企业等甲方授予冷链物流企业的服务资格认证。

资料来源：GB/T31086-2014物流企业冷链服务要求与能力评估指标标准。

3. 综合型物流企业冷链服务评估指标

表 5 - 3　综合型物流企业冷链服务评估指标

基本条件		要求及说明				
项目	类别	五星	四星	三星	二星	一星
温控设施设备要求	①冷库标准及容积 *	冷库建设应按 GB50072 执行				
		10000 m³	8000 m³	5000 m³	3000 m³	1000 m³
	②自有冷藏（冻）车数量 *	≥80 台	≥50 台	≥20 台	≥10 台	≥5 台
	③冷库功能区	建有不高于 15℃ 的低温穿堂或封闭月台、预冷间或复冻间等功能区				
	④气密性 *　冷库门	一次完全开启时间大于 5 秒的冷库门外侧应设置冷风幕并在内侧设置耐低温透明塑料门帘				
		配备有与运输车辆对接的密封装置				
	冷藏（冻）车厢	干净整洁，符合 QC/T450 中对冷藏（冻）车厢的要求				
	⑤叉车数量 *	≥3 台		≥2 台		≥1 台
	⑥数据采集终端	冷库、冷藏车厢内有必要的温度数据采集终端，并有定期检查校正记录				
	⑦温度监测系统 *	冷库、冷藏车内温度实时监测、记录		冷库、冷藏车内温度实时监测、记录		
信息化监控追溯水平	⑧温度数据 *	自物品交与客户之日起 6 个月内温度数据保存完善并可查询			自物品交与客户之日起 3 个月内温度数据保存完善并可查询	
	⑨WMS *　系统	冷链业务进销存实现信息化管理，对库内温度数据实时掌握			库内有温度测量装置，温度记录完善	
	库区监控	具备对库区主通道、货物交接区的监控能力，影像资料保存 3 个月				
	⑩TMS *　货物跟踪	有 TMS				
		自有涉冷车辆 100% 以上装有冷链运输监控设备				
客户认可度	获得核心客户颁发的证书	有 2 家以上		有 1 家以上		

基本条件		要求及说明				
项目	类别	五星	四星	三星	二星	一星
社会认可度	获得国家一级社团组织或各级政府颁发的资质类、荣誉类证书	有2个以上	有1个以上			
流程管理水平	⑪准时率	≥99%	≥97%		≥95%	
	⑫有效投诉率	≤1%	≤2%		≤5%	
	⑬错单率	≤1%	≤2%		≤3%	
	⑭破损率	≤1%	≤2%		≤3%	
	⑮丢失率	≤0.2%	≤0.5%		≤1%	
	⑯管理制度	有健全的物品交接制度、清洁卫生制度、冷链通用流程关键点控制操作规范制度，落实到位				
	⑰应急预案*	包括但不局限于：水灾、火灾、虫害、鼠害预案，断电应急预案，冷机故障预案，在途车辆故障预案				
	⑱冷链一线操作人员 数量*	≥150人	≥100人	≥60人	≥30人	≥10人
	培训	经过相关业务培训，有培训计划及记录				
	健康要求	农产品、食品装卸搬运作业人员应持有卫生部门发放的健康证明				
	执证上岗率	叉车工、电工等需执证上岗的，100%执证上岗				
	⑲冷链物流服务功能	可为客户制定整合冷链物流资源的解决方案与优化冷链业务流程的运作方案				

注：标注 * 的指标为企业必备指标项目，其他为参考指标项目；冷库指的是储藏冷链物品的特需仓库，包括冷藏库、冷冻库和气调库等低温仓库；WMS 指的是仓库管理系统（Warehouse Management System）；TMS 指的是运输管理系统（Transportation Management System）；核心客户颁发的证书指生产企业、食品企业、餐饮企业等甲方授予冷链物流企业的服务资格认证。

资料来源：GB/T31086-2014 物流企业冷链服务要求与能力评估指标标准。

（五）第三方冷链服务评价新发展

1. 天津市冷链物流储运销地方标准

由天津市商务委员会、天津市现代物流协会和台湾地区工业技术研究院共同编制的《天津市冷链物流储运销地方标准》2015 年 7 月 1 日起正式实施，这是中国发布的首部针对冷链物流储运销系统化标准。

《天津市冷链物流储运销地方标准》围绕冷链物流储、运、销三个环节，以果蔬品、水产品、畜禽肉品、加工食品为主要冷链管理目标，规范了《冷库技术规范》等9项标准，内容包括冷链物流主要硬件标准、冷链物流作业规范与标准作业流程、标准知识库、管理机制与服务平台等。

2. 浙江省医药冷链质量管理

医药冷链是指需冷藏保管的药品在贮藏、运输等流通过程中应始终处于规定温度环境下，以保证药品质量的特殊供应链管理系统。我国于2013年开始实施新版《药品经营质量管理规范》（GSP），全面提高了冷链管理药品储存、运输设施设备的要求，将这一行业的质量管理提高到一个新水平。

截至2014年6月底，浙江省已对88家药品批发企业开展了新修订药品GSP现场检查，其中具有冷链药品范围企业46家，实现了食品药品监管部门对药品经营企业在库药品温湿度的远程、实时在线监控。

第二节　以航空港为核心的多式联运服务

一、多式联运的定义及特征

（一）定义

1980年《联合国国际货物多式联运公约》中，对国际多式联运的定义为："国际多式联运是指按照多式联运合同，以至少两种不同的运输方式，由多式联运经营人将货物从一国境内接管货物的地点运至另一国境内指定交货的地点。"2001年《运输统计术语》将多式联运定义为："以同一装载单元或运输车辆，通过两种或两种以上的运输方式完成整个货物运输过程，并且在转换运输方式的时候不对货物本身进行操作，仅对装载单元或运输车辆进行操作的运输形式。"

（二）多式联运特征

（1）多式联运过程中至少包括两种运输方式。少于两种运输方式，无论其如何运输，都不能成为多式联运。

（2）必须要有一个多式联运负责人，负责人可以是多式联运参与的一方，负责人对各方进行组织协调，确定各方的权利和义务。由多式联运的经营人与托运人签订一个运输合同，统一组织全程运输，实现运输过程的一次托运、一单到底、一次收费、统一理赔和全程负责。

从多式联运的特点来看，其目的是方便托运人和货主，追求的目标是实现货物运输整体的最优化。

二、多式联运与主要运输方式的对比

现代交通运输方式包括铁路运输、水路运输、航空运输、公路运输、管道运输五种基本的运输方式。无论哪种运输方式都存在着一定的劣势，选取单一运输方式并不能充分发挥该运输方式的优势。在运输追求高效率、高效益、高质量的今天，必须运用多种运输方式相互协助的综合运输。

多式联运具有的优越性如下：

（1）降低物流成本。在食品冷链多式联运的运输过程中，运输、转运、仓储、路径的选择及运输方式的选择，都是在各方的协调管理中，简化手续的办理，加快货物的流通速度，只有各环节都提高了速度，才能使整个多式联运系统效率大增，能有效地降低物流成本。

（2）减少货损成本，在多式联运的过程中，货物一直处于低温状态下储存，能有效地防止温度和易腐性对食品造成的损害，提高产品质量和食品生产与运输企业的经济效益。

（3）提高管理水平。在多式联运过程中，对各方都进行了分工，职责的明确化能提高各方工作的积极性，而引入竞争机制，使多式联运参与各方都能得到发展和提高。

（4）提高运输效率。在多式联运的运输过程中，可以合理地选择运输路径和运输工具，节省运输时间。在转运点，可以很快安排进行下一路段的运输，缩短等待时间，减少货损成本，提高运输效率。

（5）简化相关手续。在食品冷链物流多式联运过程中，会有多式联运负责人对运输过程中的事情进行协调管理，省去了参与各方独自办理相关手续的时间。多式联运过程中运输路径、运输工具的选择、货物转运的相关手续被简单化，提高了运输效率。

三、以航空港为核心的多式联运服务框架

多式联运涉及的部门众多，主要包括以下三类：

（1）金融服务企业：银行、保险。

（2）监管部门：边防、海事局、检验检疫、海关、港口局等。

（3）运输企业：航空运输企业、公路运输企业、铁路运输企业、机场。

以航空港为核心的多式联运服务框架目的是将这些节点有效整合，连成一体，各个部门之间信息畅通，使得用户能够进行信息共享并且获取所需信息。本书将系统框架设计如图5-4所示。

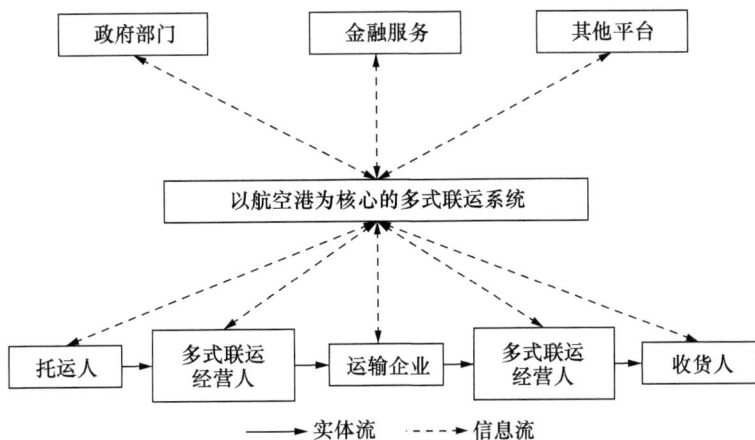

图5-4　以航空港为核心的多式联运框架

四、以航空港为核心的多式联运服务流程

以航空港为核心的多式联运业务流程，是指整个多式联运过程以航空运输作为主要干线运输、以航空港作为运输集散基地的运作过程。图5-5描绘了从发货地到收货地的完整供应链下的多式联运业务流程。

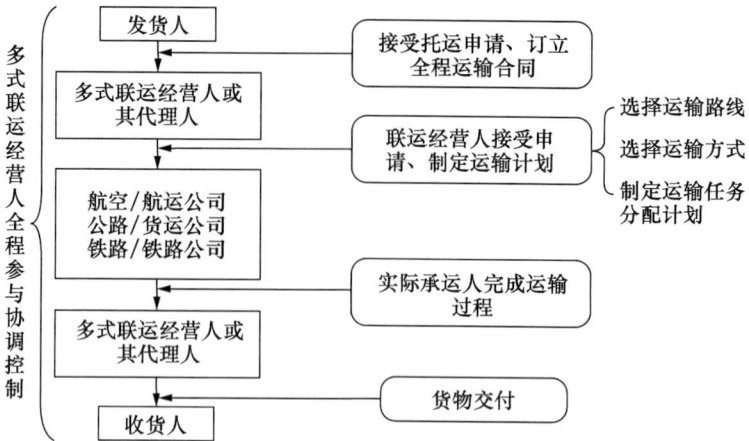

图 5 - 5　以航空港为核心的多式联运流程

从图 5 - 5 中可以看出，典型的多式联运业务流程可以简单描述为：发货人向多式联运经营人或其代理人提出托运申请，多式联运经营人或其代理人接受申请并与发货人订立全程运输合同即多式联运合同；多式联运经营人或其代理人在受理申请之后制定运输计划，其中主要包括选择运输路线、选择运输方式、制定运输任务分配计划，之后报关报检；然后多式联运经营人或其代理人委托实际承运人（航空/航运公司、公路/货运公司、铁路/铁路公司等）完成货物的运输任务；在实际承运人完成运输之后，多式联运经营人或其代理人负责将货物交付给收货人。这里值得注意的一点是，多式联运经营人并不是仅仅在运输企业交接或者货主交接时才参与到多式联运业务当中，在运输全程中，多式联运经营人要时刻参与到业务中，包括与运输企业沟通、安排下一步运输计划、货损或事故处理等。

五、国内航空多式联运存在的问题

随着产业结构的调整和国内经济发展水平不断提高，航空货运量和以航空为核心的多式联运需求大幅增加。但是，国内以航空港为核心的航空多式联运仍然存在一些问题。

（一）航空多式联运尚处于起步阶段

以海港为核心的集装箱国际多式联运已较为成熟，成为当前国内货物运输的主流形式，但以航空港为基础的航空多式联运尚处于起步阶段，包括郑州在内的多个内陆城市正在积极探索中。

（二）分段运输占据主导

当前在我国国际集装箱联运中，存在着分段运输、国际联运、国际多式联运这三种运输组织形式。由于受一些条件的制约，分段运输的运量占我国国际集装箱总运量的 90% 以上。分段运输业务由远洋、沿海、内河、公路、铁路、港、站等运输、装卸及货代企业分营，其经营范围受到一定限制。

（三）规模化联运企业较少

运输企业出现了横向联合的趋势，但整体实力雄厚的规模化、集约化联运企业少。由于竞争机制的引进，打破了原有独家垄断的格局，对于国际货运的发展起到了一定的促进作用；但由于分散经营，没有市场割据，部门间条块分割和国内联运企业在国外缺乏竞争力的弊端，无形中又为多式联运发展增加了障碍。

（四）中转站地域设置失衡

国际集装箱中转站在港口设置过剩，与大陆腹地内陆港数量不足形成较大反差。作为国际运输各种运输方式的连接点——国际集装箱中转站，在我国已初步形成了以沿海大中城市港口为枢纽向内陆延伸的扇面集疏运网络，但由于中转站集中设置在港口及其附近，出现了与社会实际需求相脱节和运力过剩的现象，导致这些中转站出现建成后实际运量严重不足的状况。在内陆地区，由于内陆口岸发展迟缓，使内陆港数量及布局与我国沿海地区多式联运发展及衔接存在较大差距。

以郑州为代表的国内航空港建设，正是针对这种情况，发展以航空为核心的多式联运服务，从而弥补中转站地域设置失衡的问题。

六、航空多式联运发展的影响因素

（一）国家宏观政策导向

航空多式联运是以一定的经济发展水平为基础的，但航空多式联运服务的规划和建设会促进其覆盖区域内的经济发展。国家对航空多式联运的选择，在技术、投资等方面给予的政策支持，将对航空多式联运的发展产生深远的影响。

（二）地区经济发展水平

一定的航空货物运输量是航空多式联运服务赖以存在的基础。由于经济的发展，在产品数量增加的同时也提高了产品的附加值，使高、精、尖产品种类和数量不断增加，从而带来货物运输需求数量的增加和运输需求质量的提高。适箱货源增多，增加了对航空运输的需求量，促进了航空多式联运服务的发展。

（三）管理部门的合理分工和协作

航空多式联运的优势在于为货主提供一次托运、一次收费、一单到底、全程负责、统一理赔的运输服务。由于航空多式联运涉及的部门多，如果各部门没有合理的分工和协作，就不能发挥航空多式联运的优势。

（四）法律法规建设

参与航空多式联运的各部门通过一定的分工与协作共同实现航空多式联运。分工和协作关系的确定，需要在一定的经济利益的基础上，通过一定的法律法规得以实现。法律法规建设是航空多式联运通道发展的保证。

（五）技术发展水平

科学技术的发展水平影响地区产业结构，使产品趋于更高附加值化的同时，也使运输服务企业在服务的过程中容纳更多的技术含量。航空货运的产生及围绕航空运输建立的运输服务体系，尤其是信息采集、传输、处理的体系，需要相应的技术支持。可以说，航空多式联运中凝结了当代最新的科学技术成就。

（六）交通运输基础设施设备建设

交通运输基础设施设备的建设水平，反映了运输供给数量的大小和质量的高低。交通运输基础设施设备的建设是航空多式联运的基础，是运输服务企业投资的主体。

（七）商贸环境

一个地区是否拥有发达的商贸环境，影响到该地区的经济发展水平及运输服务企业的数量。商贸环境由物化环境和意识环境组成。物化环境由商贸企业、金融业等构成；意识环境是指在航空港辐射范围内商贸意识的强弱。强的商贸意识将促进商贸企业、金融业的建立和发展，从而促进航空多式联运服务的形成和发展。

七、河南省口岸建设与航空多式联运发展

（一）设置口岸业务服务局

为推动口岸工作发展，郑州航空港经济综合实验区专门设置了"口岸业务服务局"，专门负责与省、市各口岸单位的协调配合；负责支持配合民航、海关、检验检疫、工商、税务、外汇等有关管理部门和公安等其他驻区单位开展工作，协调相关事务；负责综合保税区的企业服务、功能开发和园区日常管理；承担口岸"大通关"协调服务工作，负责协调落实综合保税区与国际航空口岸、铁路口岸、公路口岸通关事项；配合维护口岸公共秩序；承担管委会交办的其他工作。

（二）口岸工作发展迅速

2015 年 8 月，由国家质检总局进出口食品安全局局长带领的国家进口肉类指定口岸验收组专家正式对外宣布——河南省进口肉类指定口岸郑州、漯河两个查验区通过审核，这是我国内陆区域首个获批的肉类口岸。

以肉类口岸获批为代表，河南省口岸建设步伐加快——食品药品医疗器械指定口岸、汽车指定口岸、粮食指定口岸等相继获批开始建设，进口澳大利亚屠宰用牛指定口岸正在加紧申报。

在不沿边、不沿海的情况下，有了各类口岸就有了联通世界、融入全球的路径。未来郑州可以通过航空、铁路、公路的多式联运体系，实现"全球—郑州—中国"的进口肉类产品大物流渠道。

据负责建设的郑州新郑综合保税区仁宏投资管理有限公司负责人介绍，肉类口岸按照"高规格、高标准、国内一流"目标规划建设。其中，河南省进口肉类指定口岸郑州查验区项目规划用地 2000 亩，此次国家验收组验收的郑州查验区首期占地 80 亩，按照每天查验 1200 吨，年进口 40 万吨的业务量进行建设，查验冷库容量约 2 万吨，这在全国进口肉类指定口岸中名列前茅。

口岸内主要设置有查验仓储区、联检办公区、集装箱堆场区、检疫处理处及

卡口通道区等功能区。配有容量约 2 万吨的冷库、25 米超宽的查验平台、27 个集卡车卡位、8000 平方米集装箱堆场、六层联检办公大楼和 28 米宽两进两出四条卡口通道。

在信息化系统方面，配有国检辅助信息系统、海关辅助信息系统、GPS 车辆定位监控系统等十大系统。可实现"口岸信息集中申报、关检协同查验、多式联运、分拨配送"等多功能于一体，满足高效通检通关的需求，这些在全国的进口肉类指定口岸中均为首创。

此前，河南省的进口肉类只能从上海、青岛、天津等沿海口岸入关，再通过公路铁路等转运入省，路途远、转运费用高。有了进口肉类指定口岸之后，这些肉类原料可以经过海铁、海陆、空陆等多式联运方式直达郑州，借助郑州机场和郑州铁路两个一类口岸，直接进入河南省进口肉类指定口岸，在肉类口岸通过联检办公、协同查验，即可完成申报、查验、放行等一系列手续，实现快速通关，这为未来大量开展肉类等冷链产品交易奠定基础，并大大带动河南省乃至周边省市冷链物流产业的发展。

第三节　发展环境及政策支持

一、发展环境

近年来，我国经济快速发展。随着生活水平的提高，老百姓越来越关注农产品的品质和新鲜程度，从而对冷链物流产生了强大的需求。随着国内需求推动和政策扶持，冷链物流得到高速发展。当前，冷链物流在我国正处于井喷式发展阶段。2014 年，我国冷链需求规模达到 10488 万吨左右，冷链物流市场总体增长率达到 18% 左右。据中国物流与采购委员会不完全统计，2014 年全国冷库总量达到 3320 万吨，折合容量 8300 万立方米，与 2013 年相比增长 36.9%。冷藏车总量预计达到 8.5 万辆，与 2013 年相比增长 21.4%。2014 年前 10 个月全国冷链基础设施投资超过 583 亿元左右。

美国、日本及西欧国家的食品冷链运输率达 80% ~ 90%，东欧国家冷链运输率约 50%，而我国只有 10% 左右。目前中国已有冷藏容量仅占货物需求的 20% ~ 30%，冷链产业蕴藏着巨大商机。

（一）冷链物流业市场前景广阔

2012 年，中国农产品冷链物流需求量为 8200 多万吨，比 2011 年增长 18.6%。其中，蔬菜冷链物流需求量占 50% 以上，约 4400 万吨；肉类和水果需求第二，冷链需求超过 2400 万吨；水产品冷链第三，需求为 600 万吨。这些农产品，尤其是以水产品和反季节果蔬为代表的高附加值农产品在冷链物流领域具有广阔的市场需求。

目前，我国果蔬、肉类、水产品冷链流通率分别只有 5%、15% 和 23%，冷藏运输率分别为 15%、30% 和 40%，远低于欧洲、美国、加拿大、日本等发达国家和地区的水平。这些国家的肉禽冷链流通率已经达到 100%，果蔬冷链流通率也达到 95% 以上。

（二）第三方冷链物流正在崛起

第三方物流模式是生产、加工、销售等企业为了集中精力搞好自身业务，把原来需要自己处理的物流活动，以合同方式委托给专业物流服务企业，同时通过信息系统与物流服务企业保持密切联系，以达到对物流全程管理和控制的一种物流运作与管理方式。第三方冷链物流是专门针对冷链物流产业需要而产生的专业物流模式。第三方冷链物流企业提供高效、专业、全程的冷链物流服务和解决方案。

发展第三方冷链物流可以使生产、加工、销售等企业能够专注于自身运作，不需要动用大量固定资产、人力和物力，增强企业的柔性管理，使企业可以集中精力提高自身领域的市场竞争力。特别是针对于规模较小、经济实力较弱或刚成立的企业，由于其物流资产有限、物流人员不足，因此需要将物流业务外包给专业机构执行。虽然我国第三方物流占物流市场的比重不高，但第三方冷链物流发展势头迅猛，越来越多的生产商选择将自身冷藏物流业务外包给第三方冷链物流企业。

中国外运股份有限公司作为国内知名第三方物流企业早在 2006 年于上海投

资兴建了国内规模最大、设施最先进的单体多温度分区冷库，总占地面积 7 万平方米。中粮我买网则在 2014 年 8 月获得了 1 亿美元 B 轮融资后打算斥巨资完善全国 60 个城市冷链物流建设。双汇、光明乳业等食品企业加快了物流业务资产重组，设立了独立的冷链物流公司。双汇物流成立于 2003 年，是国内顶尖专业化公路冷藏物流公司之一。光明乳业每天都有 1200 吨乳制品需要送到上海、江苏、浙江的 2 万多个销售网点。为此，企业成立了全资子公司——上海领鲜物流有限公司，为光明乳业提供冷链服务。山东荣庆和安徽安得物流有限公司则是目前主要的民营冷链物流企业。荣庆一直致力于打造中国冷链物流第一品牌，目前拥有冷链车辆 450 余辆，仓储面积 20 万平方米，年营业额 10 亿多元。安得物流先后投资 1 亿多元，购入 400 多台高端冷藏车辆，并在全国建立了五大冷链配送中心，可以辐射各自 800 千米以内业务。

另外，外资也加大了进入中国冷链物流市场的步伐。美国冷链物流装备巨头英格索兰和开利（Carrier）公司已进入中国多年。2010 年，英格索兰在中国的各项投资总额达到 4.12 亿美元。其旗下的战略品牌冷王已经成为运输温控解决方案在全球的行业领导者，在北美和欧洲市场的占有率分别达到了 95% 和 50% 多。开利是世界顶尖的食品冷链全系列冷藏设备开发公司，早在 1995 年于上海成立了开利运输空调冷冻（中国）公司（Carrier Transicold China），在国内市场专业从事货车冷藏设备、半挂车冷藏设备等的生产和销售。目前，两者占据了国内车载冷机市场 70% 以上的份额。普菲斯公司作为北美第一大、全球第三大冷库仓储运营商于 2009 年进入中国冷库市场以来，在上海、天津两地相继建造了三座高规格冷库，分别于 2011 年（4 万吨）、2012 年（3 万吨）和 2013 年（4 万吨）投入使用。澳大利亚最大的冷链物流提供商太古（Swire Cold Chain）早在 2008 年已进入广东市场，并计划于 2020 年底前，在中国内地共建成 13 个大型现代化冷藏设施，形成一个全国性的冷链网络，辐射范围达全国的 2/3；美冷（Americold Realty Trust）作为全球领先的温控仓储和物流提供商于 2010 年与招商局合资方式成立了招商美冷物流有限公司（CMAC），共同拓展中国市场的冷链物流业务。CMAC 现已发展成为我国领先的第三方冷链物流服务商。日本的第三方宅配商雅玛多、伊藤忠等于 2010 年底也进入中国冷链市场。雅玛多在上海松江拥有 7000 平方米的分拣基地，其中包括 5000 平方米的普货仓库、1500 平方米的冷藏仓库和 500 平方米的冷冻仓库。进入中国市场两年多，雅玛多已建成 32 个营业点并配备了 300 多辆配送车。雅玛多还通过移动冷柜实现了"混载运输"，即 30% 的冷冻冷藏品和 70% 的普货混载运输，从而既契合了客户的需求，又做到了资源集约，缓解了成本压力。伊藤忠物流目前整体仓储面积达 40 万平方米，员工 3000 人，配送范围涵盖全国主要区域三线以上城市。上述国际巨头的加入推动了中国第三方冷链物流业的发展。

（三）冷链物流基础设施建设不断升级

冷链基础设施主要包括各种类型和规模的冷库、冷链运输工具和制冷装置等，其建设的不足一直是制约我国冷链物流发展的重要因素之一。生鲜农产品的预冷、加工、储运、装卸、查验及销售等各个物流环节都需要在低温环境下开展。冷链基础设施建设是实现该要求的基础。与常规工业化物流（可以在常温下开展）相比，农产品冷链物流需要有专业的低温冷链物流系统，各个环节的冷链过程都需要复杂、综合的系统管理。因此冷链物流基础设施建设存在"要求高、投入大"的特点。

"十一五"时期结束时，我国冷藏能力大概可以满足食品总产量的 20% ~ 25%，距离发达国家 70% ~ 80% 的比例还有很大差距。进入"十二五"时期，国家加大了对冷链物流基础设施的升级改造。特别是 2010 年国家发改委出台的《农产品冷链物流发展规划》计划再增加 1000 万吨冷藏能力。2014 年，中冷联盟对全国 680 家规模以上（营业收入 1000 万元以上）的冷链物流企业调研数据显示，我国冷库容量共计 20469713 吨（57546093 立方米），冷藏车 29444 辆。与 2010 年冷库总容量 880 万吨、冷藏汽车 20000 辆相比，分别增长了 133% 和 47%。

由于中国农产品冷链物流发展前景良好，不少批发市场、大型农业企业和零售企业开始投资建设低温供应链配送系统。目前，北京有顺鑫农业、首农集团、快行线冷链等；上海有中外运上海冷链物流、交荣冷链、领鲜物流；山东有荣庆集团等企业。冷链物流基础设施的不断完善，为农产品冷链流通创造了条件。

（四）冷链物流新技术不断涌现

与美国、欧洲、日本等发达国家和地区先进的冷链物流技术相比，我国仍有较大差距，但在很多环节上已开展了一定的技术创新工作。

在管理方面，以往冷链物流以手动管理为主，信息化、系统化程度不高，管理效率较低。近年来，农产品物流企业引进了国际先进的 HACCP（危害分析和临界控制点）认证、GMP（良好操作规范）、WMS（仓储管理系统）、虚拟仓储等技术，提升了我国的物流管理水平。HACCP 通过对物流各个环节及相应影响产品品质的因素进行分析，确定物流过程中的关键环节，并建立物流监控程序和标准，当问题出现时能够找到来源点并采取纠正措施。GMP 认证是指由政府机构组织 GMP 评审专家对物流过程所涉及的所有环节进行检查，评定是否达标的过程。WMS 系统配有温湿度等物流环境追溯系统功能，可以确保物流过程中产品质量的全程监控。虚拟仓储则基于计算机和网络通信技术将地理上分散的货物进行整合管理，实现不同时空物资的有效调度，可降低仓储成本，避免不合理运输，便于监管，是一种高效的物流管理方法。

在货物标识方面，传统以手工书写为主，工作量大且效率低。近年来，我国农产品物流过程应用了二维码 IC 卡电子标签、无线射频识别（RFID）、数字加密、水印等技术，提高了工作效率，减少了差错率，识别过程快速、准确、可靠。二维码技术是以某种特定的几何图形按照一定的规律在二维平面上用黑白相间的图形记录数据，巧妙地代表计算机逻辑运行基础 0 和 1，最终实现自动读取。二维码可以实现物流过程中商品信息的快速共享、防伪识别等功能。RFID 技术无须有形的几何图形而是通过芯片储存信息，具有自动识别、无须光源、无磨损、可穿透、可远距离读取、支持反复读写等优点，是未来物流货物标识的主要技术。数字加密、水印等技术则为货物识别提供了安全保障。

在保鲜方面，化学杀菌剂是常用的保鲜方法，但对人体健康和环境会造成危害。近年来，我国陆续研发了一批基于生物或者物理手段的安全保鲜技术，如微生物保鲜技术、超高压保鲜技术以及复合生物保鲜技术等。其中，微生物保鲜技术主要是利用菌体或其代谢产物将农产品表面和空气隔离开来，以延缓氧化，或者通过诱导寄主抗性及重寄生作用抑制病原菌实现保鲜；超高压保鲜技术则通过超高压破坏微生物的细胞壁、细胞膜及细胞间隙的结构，使蛋白质等成分发生变性，使酶活性降低以实现杀菌；而复合生物保鲜技术则采用两种或两种以上生物保鲜剂或者生物保鲜与其他保鲜技术相结合以实现保鲜的目的。

在车辆调度管理方面，传统模式下缺少对车辆进行有效追踪和调度的方法。GIS（地理信息系统）、GPS（全球卫星定位系统）、EDI（电子数据交换）等技术的应用可对物流车辆进行定位、轨迹回放、运行监测、车辆人员管理，从而有效地控制车队、提高运行效率和服务水平、降低成本，而指纹、声纹、视网膜等识别技术可以确保车辆调度过程的安全。

（五）冷链物流标准逐步完善

2010 年 7 月，国家发改委发布了《农产品冷链物流发展规划》，推动了冷链物流的国家标准、行业标准和地方标准的出台和完善。

截至 2015 年 6 月，我国已经发布了 158 项冷链物流及密切相关的国家标准，包括农副产品、食品冷链物流基础标准 5 项，冷库标准 13 项，冷冻冷藏设备标准 14 项，食品包装标准 3 项，农副产品、食品冷链物流管理标准 4 项，食品标准 12 项，水产品标准 12 项，肉类标准 20 项，各类果蔬冷藏流通标准 59 项，饮料标准 4 项，其他农副产品、食品物流标准 12 项。

另有多项涉及冷链物流及冷链产业的国家级行业标准正在起草或申报中。

二、国家政策

近年来，国家相继颁布了许多支持冷链物流行业的政策法规，其中影响最大的是 2010 年发改委颁布的《农产品冷链物流发展规划》，规划提出到 2015 年，建成一批运转高效、规模化、现代化的跨区域冷链物流配送中心，我国果蔬、肉类、水产品冷链流通率分别达到 20%、30%、36% 以上，冷藏运输率分别提高到 30%、50%、65% 左右，流通环节产品腐损率分别降至 15%、8%、10% 以下。

该规划明确了农产品冷链物流发展的七项主要任务：一是推广现代冷链物流理念与技术；二是完善冷链物流标准体系；三是建立主要品种和重点地区农产品冷链物流体系；四是加快培育第三方冷链物流企业；五是加强冷链物流基础设施建设；六是加快冷链物流装备与技术升级；七是推动冷链物流信息化。

2014 年，国家发改委联合商务部、交通运输部等十大部委发布《关于进一步促进冷链运输物流企业健康发展的指导意见》，以促进我国冷链运输物流企业健康发展，提升冷链运输物流服务水平。这些政策措施的出台，使我国冷链物流业提升到非常重要的高度。

2013 年，国务院在《关于 2013 年深化经济体制改革重点工作意见》中首次将冷库用电价格由商业电价调整为工业电价，极大地缓解了当前冷链物流企业的成本压力，再加上各地不断出台的农产品冷链扶持政策，有力地推动了冷链物流行业的快速发展。

2015 年 3 月，第十二届全国人民代表大会第三次会议，李克强做了《2015两会政府工作报告》，他在 2015 年工作总体部署中提出，要深化流通体制改革，加强大型农产品批发、仓储和冷链等现代物流设施建设，努力大幅降低流通成本。

2010~2015 年部分国家冷链物流发展支持政策如表 5-4 所示。

表 5-4　2010~2015 年部分国家冷链物流发展政策

分类	年份	政策	颁布机构	简介
总体规划	2010	农产品冷链物流发展规划	发改委	到 2015 年，建成一批运转高效、规模化、现代化的跨区域冷链物流配送中心，我国果蔬、肉类、水产品冷链流通率分别达到 20%、30%、36% 以上，冷藏运输率分别提高到 30%、50%、65% 左右，流通环节产品腐损率分别降至 15%、8%、10% 以下
	2014	物流业发展中长期规划	国务院	到 2020 年物流发展的目标和任务，部署十二大工程，第一大工程就是冷链物流
	2015	两会政府工作报告	国务院	工作总体部署中提出，要深化流通体制改革，加强大型农产品批发、仓储和冷链等现代物流设施建设，努力大幅降低流通成本
扶持政策	2011	物流国八条、国九条	国务院	降低物流成本，物流企业的营业税差额试点，减少物流企业的重复纳税
	2012	关于支持农业产业化龙头企业发展的意见	国务院	支持龙头企业改善农产品贮藏、加工、运输和配送等冷链设施与设备
	2013	关于 2013 年深化经济体制改革重点工作意见	国务院	将冷库用电价格由商业电价调整为工业电价

续表

分类	年份	政策	颁布机构	简介
扶持政策	2013	关于促进创业转型升级的指导意见	商务部	加大冷库改造和建设力度，促进我国冷库由原来大批量、小品种、存期长向小批量、多品种、多流通形式转化
	2013	蔬菜市场预测及2014年工作重点	发改委	支持农产品冷链物流等流通基础设施建设
	2014	关于进一步促进冷链运输物流企业健康发展的指导意见	发改委	提升冷链运输规模化、集约化水平，加强冷链物流基础设施建设，完善冷链运输物流标准化体系，积极推进冷链运输物流信息化建设等
	2013	地方政府的冷链扶持政策	地方政府	多项关于冷链物流园、冷库建设的扶持政策，比如四川、江苏
行业法规	2012	冷链物流分类与基本要求	国标委	推动冷链物流标准化
	2011	全国药品流通行业发展规划纲要（2011~2015）	商务部	规范药品流通秩序
	2013	药品经营质量管理规范	卫生部	全文共187条中，40条涉及冷链管理
	2012	药品冷链物流运作规范	国标委	提高药品经营准入门槛

资料来源：国家和地方公开颁布的各类规划、政策文件及规范。

三、国家及行业标准

冷链标准化的实现是冷链走上快速发展道路的关键。在《标准化工作指南》（GB/T20000.1-2002）中，对标准化（Standardization）的定义是："在一定范围内获得最佳秩序，对现实问题或潜在问题制定共同使用和重复使用的条款的活动。"冷链标准化是指将冷链看作一个综合性的系统，制定系统内部设施装备、专用工具等的技术标准，把运输、仓储、加工等各类作业标准作为现代冷链的突出特征，并形成和国际接轨的标准化体系。

近几年，我国在冷链设施设备的基础建设方面有了长足的发展。然而，良好的硬件设施必须有好的软件来规范，这需要科学的冷链标准体系规范和引导整个冷链行业的发展。

（一）国外冷链标准化的发展

发达国家的冷链标准化发展较早，现在已经处于较为成熟的阶段。在食品冷链的质量与安全方面，许多发达国家的政府机构通过制定一系列的冷链标准和规范来调控整个冷链行业。这些标准涵盖了食品从原产地的采购和生产、初级加工、运输和配送、包装储存、品质鉴定、贴标扫描、容器利用等方面。

1999 年，加拿大食品检验局（Canadian Food Inspection Agency，CFIA）根据国际通行的 HACCP 原理——危害分析和关键控制点原理，制定了食品安全督促计划（Food Safety Enhancement Program，FSEP），不但要求检查果蔬农药残留量指标，还要检查生产厂家的卫生条件，同时对肉制品配方、工作温度以及容器等方面做出了严格的规定。该规划在瓜果蔬菜、肉类食品、乳及乳制品、禽类及其制品等方面得到了广泛的应用。

美国冷链标准化的发展也相对较早，政府机构比较重视冷链标准化的建设。2002 年，美国宣布成立冷链物流协会，该协会主要构成方包括美国的航空公司、卡车运输配送商、地面搬运商和设备生产商等，主要是对易腐货物、运输温控货物、医药类别等制定标准化方面的规定。随后，美国冷链协会又提出了《冷链质量标准》，用来测试运输、储存、包装和处理易腐食品的企业的安全性、可靠性、质量和熟练度，并为整个货物的供应链认证打下了坚实的基础。

（二）我国冷链标准化存在的问题

1. 冷链标准完善性及协调性较差

冷链标准覆盖范围尚不完善，部分冷链相关产品、设备及技术缺乏相应国家标准。

冷链标准化体系建设缺乏统一性和协调性。现行的冷链标准体系以部门为主，制约了冷链各相关产业标准化之间的协调性。

冷链行业涉及的各个产业技术组织、科研机构则分散在各个行业、政府部门中，形不成统一的规划和管理。

2. 冷链标准之间一致性有待优化

在我国已颁布的标准中，部门标准所涉及的同一概念很多不统一甚至矛盾。

不同标准起草单位对其中涉及的基本术语定义也不统一，使得标准之间缺乏统一性，不利于标准的执行和推广。例如，不同的标准对冷藏食品定义中涉及的冷藏温度要求不一致，内容表述上也有较大差别。

3. 冷链标准化执行不到位

冷链标准化建设最根本的原动力来自企业对标准化建设的需求，但目前一些企业的冷链标准化意识薄弱，对冷链标准认知不高。冷链相关企业的发展水平参差不齐，其规模和管理水平相差很大，很多中小冷链企业由于自身运营成本和利益的考虑，对一些标准执行的积极性不高。

4. 冷链标准化基础性研究相对落后

标准化构成中制定的相关标准需要的条件都有科学的依据，虽然一些技术参数可以借鉴国外，但从长远发展和行业发展出发，需要构建系统的冷链标准基础研究，以推动标准化建设科学、系统地向前发展。

我国冷链标准化建设刚刚起步，相关基础研究也相对滞后。研究力量分布在不同领域、不同层次，如食品行业、大学和医药行业相关科研机构。冷链的日常运营所需要的专用设施、设备技术参数技术含量较高，不同产品对象的温度、卫生条件、质量监控也需要根据专业研究和试验验证。

5. 冷链标准化国际标准应用较少

国内相关冷链标准在制定过程中较少考虑与国际标准保持一致性。随着冷链业的不断发展，我国逐渐意识到冷链标准化走向国际的必要性，开始积极参加一些国际冷链标准化组织，并在产品的包装、标识、运输、储存、加工等方面采用国际通用标准。

（三）我国冷链标准化亟待实施的工作

1. 构建冷链标准体系

冷链标准体系表的建立可以解决我国冷链标准化进程中的一些基本问题：一是解决我国冷链标准基础薄弱的问题；二是建立标准体系表可以加强冷链标准之间的统一性、关联度；三是为政府对冷链市场的管理和疏导提供依据。

首先，建立冷链标准体系有助于政府规范冷链行业的发展。冷链标准体系是由法规与标准共同组成的标准体系。许多法规是由国家机关直接指定并公布的，具有一定的强制性，有些则由政府委托相关机构制定和管理。

其次，建立冷链标准体系能够从根本上保证产品的质量安全。冷链是各环节协调运作的过程。冷链产品在整个流通过程中，不仅需要冷库、冷藏车等技术保证，更需要有一套科学合理的标准可依可循。冷链标准体系的建立可以加强各冷链标准的协调性，促进冷链标准化向前发展，从而在根本上保证产品的质量。

最后，冷链标准体系的建立有助于节约社会资源。一方面，冷链产品时效性要求高，如果管理不规范，极易造成损耗，科学的标准体系可以有效杜绝此类问题；另一方面，冷链运作过程需要全程低温恒温，需要从节能的角度构建冷链标准体系。

2. 政府加强冷链标准制定及协调

政府机构在冷链标准制定和推广中有着非常重要的地位。因而，在冷链相关标准和法规的制定方面，要充分发挥政府部门的组织和协调作用。政府部门应该从冷链的总体规范抓起，进而制定冷链设施标准规范、各种冷链标识和信息标准规范，深化冷链标准的层次。

政府机构在制定冷链标准的过程中，要注意不同冷链环节的特殊要求，但更应强调各类冷链活动间的兼容性，积极推广已颁布的各种国家冷链行业标准。与此同时，对一些由常规生产制造向冷链转型的企业，政府应该加大对这些企业在冷链标准化方面的支持。

3. 积极采用国际标准

积极采用国际先进标准，立足国情，放眼国际。中国冷链的基础存在先天不足，而发达国家的冷链产业已经达到了一个较高的水平。这要求在充分考虑我国冷链行业标准化现状的前提下，促使我国冷链标准与发达国家的冷链标准相结合，提出切实可行的冷链标准，推动中国冷链标准化向前发展。

（四）已颁布的部分冷链标准

根据中国物流与采购联合会，全国物流标准化技术委员会2015年6月发布的物流标准目录手册统计，截至2015年6月，我国已经发布了158项冷链物流密切相关的国家及行业标准。内容涉及农副产品和食品冷链物流基础标准、冷库标准、冷冻冷藏设备标准、食品包装标准、农副产品和食品冷链物流管理标准、食品标准、水产品标准、肉类标准、各类果蔬冷藏流通标准、饮料标准、其他农副产品和食品物流标准共 11 个类别。各类别国家标准及行业标准数量统计如表 5－5 所示。

表 5－5　与冷链物流密切相关的国家及行业标准（截至 2015 年 6 月）

单位：项

标准类别	国家标准	行业标准	小计
农副产品、食品冷链物流基础标准	4	1	5
冷库标准	7	6	13
冷冻冷藏设备标准	6	8	14
食品包装标准	3	0	3
农副产品、食品冷链物流管理标准	3	1	4
食品标准	5	7	12
水产品标准	7	5	12
肉类标准	12	8	20
各类果蔬冷藏流通标准	24	35	59
饮料标准	4	0	4
其他农副产品、食品物流标准	5	7	12
合计	80	78	158

资料来源：依据中国物流与采购联合会、全国物流标准化技术委员会 2015 年 6 月发布的物流标准目录手册中的数据统计。

第四节　研究机构与知名企业

一、研究机构

（一）中国冷链物流联盟

中国冷链物流联盟是根据国家六部委联合下发《关于推动产业技术创新战略联盟构建的指导意见》（国科发政〔2008〕770 号）文件精神，贯彻国务院办公厅关于实施《国务院机构改革和职能转变方案》（国办发〔2013〕22 号）文件，逐步推进行业协会商会与行政机关脱钩，探索一业多会，引入竞争机制，强化行业自律，使行业协会商会真正成为提供服务、反映诉求、规范行为的指导思想下，以企业需求为基础、以行业发展为依托、以市场为导向、以企业为主体的行业自发自愿自律组织，是非营利性和开放式的企业之家。日常工作按照联盟《章程》、《工作职责》、《工作方针》、《办公会议定》开展，宗旨是为中国食品与冷链物流行业服务，促进我国食品企业与冷链物流企业之间交流与合作、信息沟通、关系协调，在企业和政府间发挥桥梁与纽带作用，推动行业发展，承建"全国冷链物流公共信息平台"，帮助解决会员困难，研究行业课题，统计发展数据，培养专业人才，对接服务需求，加强中外交流，促进我国冷链物流事业科学稳步发展。

联盟设有主席团、顾问团、专家团、理事会，拥有全国食品类、冷链物流类、农副产品类会员 5000 家，系统生成会员 2 万家，会员网络覆盖全国一二三线城市，为会员提供切实可行的"专而实、细而精"专业化服务。

（二）中国物流与采购联合会冷链物流专业委员会

中国物流与采购联合会冷链物流专业委员会（以下简称冷链委）系隶属于中国物流与采购联合会（具有全国性社团法人资格的社会团体）的分支机构，是该社会团体的组成部分；按照中国物流与采购联合会所规定的宗旨和业务范围，在该社会团体授权范围内开展社会活动。

本委员会既有学术性，又有实践性；既有联合性，又专注于冷链物流行业的全国性行业组织。冷链委将努力成为代表中国冷链物流服务企业界的全国性行业组织。

（三）全国物流标准化技术委员会冷链物流分技术委员会

全国物流标准化技术委员会冷链物流分技术委员会（SAC/TC269/SC5）（以下简称冷标委）是由国家标准化行政主管部门批准成立，在全国物流标准化技术委员会（以下简称物标委）业务指导下的专业标准化技术组织，负责冷链物流领域内的国家标准和行业标准制修订工作。与冷链委合署办公。冷标委的宗旨是促进我国冷链物流标准化工作的迅速发展，紧密结合我国冷链物流发展的实际情况，认真研究、积极采用国际标准和国外先进标准，加速冷链物流标准的制定修订工作，不断完善冷链物流标准化体系，进一步提高我国冷链物流发展水平。由冷标委整理的《中国冷链物流标准目录手册》收集了我国已颁布的现行冷链物流国家标准、行业标准和地方标准。其内容按基础性标准、冷链物流装备、冷链物流技术、冷链物流服务及管理进行分类，以便使用者进行查询。

二、知名企业

2015 年 6 月，由中国物流与采购联合会、美国驻华使馆农业贸易处（ATO）、大连市人民政府、全球冷链联盟（GCCA）共同主办，中物联冷链物流专业委员会、中国物流技术协会、大连市港口与口岸局、大连港集团有限公司承办的"2015 全球冷链物流峰会暨第七届中美冷链物流会议"在大连市隆重举行，大会发布了"2014 中国冷链物流百强企业名单"。下面对部分知名企业进行简要介绍。

（一）荣庆物流供应链有限公司

荣庆物流供应链有限公司 1985 年创业，总部位于中国上海，2007 年携手今日资本、Pamoja 集团，注册成立合资公司，注册资金 5 亿元。2008 年通过 ISO9001 国际质量管理体系认证，是一家集冷链、普货、化工为业务核心的国家"AAAAA"级综合物流企业，为客户提供全国公路运输、配送、仓储于一体的供应链服务。荣庆物流是交通部甩挂运输试点企业、中国食品冷链物流、中国药品冷链物流国家标准试点企业，是中国拥有较强冷链物流设施和装备的龙头企业之一。

荣庆物流致力于打造中国冷链第一品牌，业务范围辐射全国一线城市，部分二三线城市，涉及食品、商超、餐饮、医院、电子等低温物流服务需求行业。

共有冷库资源 8 万平方米，凭借先进的制冷设施、专业的冷链管理能力为玛氏食品、金帝、KFC 等国际知名企业提供冷链物流仓储服务。拥有冷链运输车辆 450 余辆，提供全国干、支线公路整车和零担运输，实现专业、高效、安全的冷冻、冷藏以及恒温运输控制，开通北京、上海、广州、青岛、苏州、武汉、成都七个城市相互间冷冻定日达服务。

（二）漯河双汇物流投资有限公司

漯河双汇物流投资有限公司，是双汇集团下属的全资子公司，成立于2003年，注册资金7000万元，总部位于河南省漯河市。该公司是从事物流管理和物流业务的专业化冷藏物流公司，被中国物流与采购联合会授予"国家AAAA级物流企业"，荣获"河南省物流十强企业"第一位，位居"中国物流百强第二位"，并被中国食品工业协会与食品物流专业委员会授予"中国食品物流50强"和"全国食品物流定点企业"。

双汇物流，拥有覆盖中国大陆所有地区的物流业务网络。目前在国内有15个全资子公司。公司在职员工2850人，年产值超10亿元。公司经营货物运输、仓储、配送、汽修、货物装卸、货运代理、信息服务等。公司拥有自有冷藏运输车1300辆，常温运输车150辆，整合社会冷藏车1800余辆，常温车1500余辆。多年的业务运作使双汇物流在仓储、运输、配送等方面具备丰富的管理经验。

（三）河南省鲜易供应链股份有限公司

河南省鲜易供应链股份有限公司成立于2009年，是一家温控供应链企业，总部位于郑州市郑东新区。公司的主要经营范围有物流服务、货运代理、货物中转、普通货运、货物专用运输（集装箱、冷藏保鲜）。

河南省鲜易供应链股份有限公司是中国温控供应链标杆性企业之一，依托"云温控供应链系统"，引领产业资源整合，致力于打造统一、安全、高效、协同、温控供应链行业世界级企业。鲜易供应链公司依托网络化温控仓储及冷链运输两大基石，以IT信息、供应链金融为核心优势，围绕供应链优化，开展国内外贸易、流通加工、温控仓储、干线运输、城市配送、终端连锁、网络营销、展示交易等为客户提供温控供应链服务。

鲜易供应链股份通过品牌战略、供应链战略、区域联动战略，以互联、物联IT信息技术、现代工程装备技术、现代物流技术深挖供应链各环节价值链需求，以发现价值、创造价值、分享价值，实现企业价值、社会价值和生态价值的同步提升。

（四）上海领鲜物流有限公司

成立于2003年的上海领鲜物流有限公司是一家具有雄厚实力的新型第三方

物流企业，其管理母体为光明乳业股份有限公司。公司传承光明乳业面向现代零售和社区服务的冷藏、常温乳品物流运作经验，以"区域物流领袖，食品物流专家"为经营目标，秉承"新鲜、迅捷、准确、亲切"的服务理念，致力于为社会和广大客户提供多温度带的现代食品物流、仓储、运输和配送服务。

（五）招商美冷（香港）控股有限公司

招商美冷由招商局国际有限公司和美冷物流（Americold）于2010年3月合资成立，招商局国际持股51%。招商美冷整合了招商局和Americold在资本、网络和行业经验等方面优势，目标定位为在全球范围内为客户提供全程的、端到端的冷链物流解决方案。目前公司在国内主要一线城市拥有和管理8座大型冷库，仓储能力约85000余吨；拥有冷藏车140余台，运输配送网络覆盖国内主要省市地区。

招商美冷股东双方分别为全球最大的冷链物流运营商和中国领先的码头运营商，享有良好的行业地位与声誉。招商美冷通过收购康新物流和招商冷链，迅速形成了有效的冷链物流服务网络，得到了行业的认可，同时也逐步树立了"冷链资产发展商＋冷链物流营运商"的市场形象。

（六）许昌众荣冷链物流有限公司

许昌众荣冷链物流有限公司是一家专业从事第三方冷链物流的企业，公司成立于2009年4月，总部位于河南省郑州市郑东新区，注册资金1000万元，拥有4.2～16.5米冷藏运输车400余辆，加盟车380余辆，可调动社会车500余辆，自有及整合网络化冷库120万立方米。

众荣物流以郑州为中心，立足中原，辐射全国，现已在全国设有13家分公司或办事处机构，形成了长三角、环渤海、东三省、大中原的网络覆盖。公司业务范围涉及生鲜肉制品、低温肉制品、果蔬类产品、奶制品、速冻面点类产品、医用疫苗及制剂、高端电子材料等产品的冷链物流业务。

公司拥有国内领先的运输管理系统（TMS）、仓储分拣管理系统（WMS）及先进的GPS定位、温控系统，业务类型有：整车运输、零担专线，为客户提供集运输、仓储、配送、流通加工为一体的综合型物流服务。

（七）中外运上海冷链物流有限公司

中外运上海冷链物流有限公司坐落于上海嘉定西北物流园区，是隶属于中国外运长航集团的全资实体子公司。公司发展至今，已形成以上海为总部，北京、广州、厦门、漳州等分支机构为节点，以珠三角、长三角、京津区域为主干的冷链物流网络。

中外运上海冷链物流中心占地 70000 平方米，一期项目投资 1.3 亿元，其中一期冷库面积 13884 平方米，存储能力万余吨。温度横跨多个温度分区：冷藏库（0℃~4℃），冷藏冷冻可调温库（-18℃~18℃），冷冻库（-22℃~-18℃），深度冷冻库（-28℃~-26℃）。同时拥有 5000 平方米的低温和高温理货区及物流加工区。

第六章　河南省发展冷链产业的
基础和条件

第一节　河南省冷链产业发展概况

一、冷冻冷藏食品产值位居国内前列

随着国民经济的快速发展，河南省冷冻冷藏食品销售额增长迅速，已成为国内主要的冷链相关产品生产基地。"十五"以来，河南省认真贯彻执行中央各项支农惠农政策，全面取消农业税，不断加大支持"三农"力度，农业生产活力得到进一步激发，农业综合生产能力不断提高，粮食、肉类、果蔬、乳制品等产业发展的原料基础雄厚。作为原材料主要生产基地的河南省，速冻食品、肉制品、畜禽屠宰等冷链相关产品的产值在国内位居前列，尤其是速冻食品和鲜肉向省外输出量比例达到了50%和60%以上（史秀苹，2012）。

二、一批企业具备自营冷链物流能力

随着食品产业的快速发展，河南省涌现出一批成功的食品冷链物流企业，形成了有自身特色的食品冷链物流体系。双汇、众品、大用、华英等肉类加工企业，三全、思念、科迪等速冻食品生产企业，丹尼斯、易初莲花、正道思达等大型连锁零售企业均已具备自营易腐食品冷链物流的能力。其中，双汇、众品物

流成立了独立的运营实体,其冷藏车辆、网络布点比较完善,已成为国内冷链物流的强势品牌。另外,河南省还拥有冰熊、新飞、登科等冷链装备制造企业。

三、冷链物流基础设施不断完善

近年来,河南省冷链物流基础设施不断完善,冷库容量的年增长率保持在20%以上。目前,河南省拥有冷库230万立方米(折合库容量约为55万吨),其中冷藏库约74万立方米,冷冻库约156立方米;冷藏车辆约2700辆,总承载量约2.5万吨。另外,郑州陈砦蔬菜批发市场3万吨现代化冷库、郑州刘庄蔬菜批发市场万吨现代化低温冷藏库、开封2万吨食品气调冷库、周口中央储备肉直属库1万吨冷库、固始何家水果批发市场万吨冷库等多个冷链物流产品万吨级冷库正在规划建设或已竣工投入使用。

四、冷链物流技术得到逐步推广

以大型肉制品、速冻食品生产企业为代表的一批河南省食品企业在加工、仓储、运输等环节实现了全程低温控制,冷链物流技术得到逐步推广。例如,众品集团综合应用现代管理方法、信息技术、物流技术、节能和温度监控技术,通过低温加工、低温贮藏、低温运输及配送、低温销售,使农产品从田间到餐桌始终保持在低温环境。众品集团引进、推广自动化冷库技术和库房管理系统、真空预冷技术、无损检测与商品化处理技术、运输车温度自动控制技术等,确保了冷链物流的技术支撑。众品物流装备了先进的运输管理系统(TMS),并且在物流冷藏车上配备了GPS/GIS跟踪系统,通过信息化网络平台系统让客户实现货物的全程可视化监控,保证承运车辆在途全程制冷,确保了车辆在途温度和产品质量安全。

第二节　河南省发展冷链产业的 SWOT 分析

一、河南省发展冷链产业的优势与机遇

（一）发展冷链物流已具有良好的政策环境

2010 年 7 月，国家发展改革委根据国务院印发的《物流业调整和振兴规划》要求，编制了《农产品冷链物流发展规划》。《农产品冷链物流发展规划》在分析我国当前农产品冷链物流发展现状和问题的基础上，提出了到 2015 年我国农产品冷链物流发展的目标、主要任务、重点工程及保障措施。据预测，该规划的实施有望带动 2000 亿元的社会投资发展冷链物流产业，将使我国冷链物流产业迈上一个新台阶。2011 年 6 月 8 日，国务院常务会议为促进物流业健康发展，制订了八条物流业配套政策措施，在第八条促进农产品物流业发展中，明确提出"加快建立主要品种和重点地区的冷链物流体系"。"国八条"的出台有利于解决物流成本问题，这对冷链物流企业是一个良好的发展契机（史秀苹，2012）。

河南省 2010 年发布的第 38 号文件《河南省现代物流业发展规划（2010 ~ 2015 年）》，将现代物流业作为战略性新兴产业着力培育，打造为河南省新的经济增长点。规划中明确未来重点发展的十大物流行业之首即是食品冷链物流，认为这是河南省能够在国内乃至国际做出影响力的行业，要将其打造成全国性物流中心。同时，河南省也在积极制定相配套的一系列政策，2010 年 12 月，河南省人民政府办公厅印发《关于促进河南省现代物流业加快发展若干政策措施的通知》，内容包括提高注册和审批效率、优化企业运营环境、保障建设用地、加强财税和金融支持等共九大部分 33 条，切实推动了河南省现代物流业的快速发展。

（二）经济实力的加强为发展食品冷链物流创造了客观条件

2014 年，河南省 GDP 达到 34939 亿元，连续多年位居全国第 5 位，较 2013 年增长 8.5%，高于全国平均水平 1.5 个百分点，人均 GDP 达到 37118 元。一方

面，冷链物流建设的成本投入大，对设备技术要求高，完整的食品冷链系统在提升食品品质的同时，也要从市场上得到相应高的利润，所以强劲的经济实力是发展食品冷链物流的后盾，河南省近几年的经济总量和发展速度为发展冷链物流产业提供了保障；另一方面，居民收入增加带来了食品需求结构升级，冷冻、冷藏食品消费量逐年增加，并且由于食品安全事件层出不穷，居民越来越关注食品安全问题，这都提出了发展食品冷链物流体系的需要。

（三）消费理念更新与业态升级支撑冷链物流发展

居民消费理念更新与商业业态升级为河南省冷链物流发展营造了良好的环境。进入 21 世纪以来，居民消费结构发生显著的变化。以肉类为例，消费者经历了冷冻肉到热鲜肉再到冷鲜肉的过程，表明食品消费的季节性差异逐步消失，品质的要求逐步提高，尤其是城镇居民对冷链食品需求巨大。同时，随着商业模式的更新和提升，以连锁超市、大型卖场和便利店为代表的新型业态比重越来越大，将冷冻、冷藏食品作为重要的经营商品介入新型零售业态，使得农副产品物流得以在组织上以现代化的方式进行整合（孙宏岭、周行，2011）。

（四）基础设施建设与技术完善助推冷链物流提升

基础设施建设与技术的完善有力地助推河南省冷链物流的提升。河南省境内铁路干线及国道省道纵横相连，公路通车总里程 23.8 万千米，高速公路超过4500 千米，均居全国第 1 位，在国家"五纵二横"鲜活农产品流通工程中开通 4条国道型"绿色通道"，高效便捷的交通网络可以有力地推动冷链物流的发展。同时，功能不断完善的冷藏、冷冻技术和实时追溯检测的 RFID 技术、GPS 技术、无线通信技术及温度传感技术能够对产品的生鲜度、品质进行细致管理。

（五）郑州航空港经济综合实验区的规划建设为冷链产业发展创造了契机

郑州航空港经济综合实验区是获国务院正式批复的我国首个航空港经济发展先行区，是以河南省郑州市新郑国际机场为依托的综合航空经济体和航空都市区。国务院在批复《郑州航空港经济综合实验区发展规划（2013～2025）》时明确要求积极推进实验区建设，努力把这一区域打造成为国际航空物流中心、以航空经济为引领的现代产业基地、内陆地区对外开放重要门户、现代航空都市和中原经济区核心增长极，同时强调坚持统筹规划、生态优先、节约集约、集聚发展，有序推进重大项目建设。依据国务院批复对实验区的总体要求，郑州市人民政府组织编制了《郑州航空港经济综合实验区概念性总体规划（2013～2040）》，进一步明确了实验区空间布局、产业发展等内容。

按照郑州航空港综合经济实验区规划，航空物流、高端制造和现代服务业是实验区的三大主导产业。实验区将重点打造包括冷链产业在内的现代服务业产业集群，完善现代服务业产业链条，引导中小企业进行配套供应生产，这为冷链产业发展创造了良好的契机。

二、河南省发展冷链产业的劣势与挑战

（一）整体发展规划的欠缺影响了冷链物流的资源整合

整体发展规划的欠缺影响了冷链物流的资源整合，导致河南省冷链物流还未形成独立完善的运作体系。目前，河南省的冷链物流体系可以称为"蜘蛛网络发展模式"，即各自为政，缺乏上下游之间的整体规划与协调，冷链产业链断裂，影响了冷链物流的效率与效益。多数冷链物流公司不具备端到端的冷链产品供应链管理流程和资源，难以进行有温控的长途货运、贮存、本地配送和直接送货到店的服务。相关生产加工企业没有建立起冷链产品经营管理体系，商品结构和销售策略定位不清晰，导致毛利偏低，损耗难于控制。

（二）冷链物流市场化程度低，第三方物流弱小

河南省冷链物流市场化程度低，生产加工企业自办的冷链物流相对发达，第三方物流弱小。由于冷链需求分散，冷链物流企业基础设施设备水平低下等原因，河南省第三方冷链物流发展滞后，第三方冷链物流企业的基础设施、节点网络、信息系统、服务质量还不能满足相关生产加工企业的要求，冷链的成本和商品损耗较高。河南省冷链产品的物流配送业务由第三方企业承接的很少，多是由生产商和经销商完成。例如，双汇、众品、思念等企业都有自己的冷链物流公司。这些企业生产的是冷鲜肉和速冻食品，在运输过程中需要冷藏或冷冻，对温度要求很高，基本不外包物流配送业务。

（三）冷链运输企业规模小，基础设施薄弱

河南省冷链运输企业很多，但规模普遍偏小，无法在全国范围开展业务。在

运输过程中不可避免地出现公司与公司间转运、倒车等一次或多次集散的现象，这增加了冷链产品的流通环节，不仅降低了流通效率，造成了相当一部分冷链产品的损失，而且进一步增加了流通成本。许多中小型冷链运输企业缺乏运载过程中的温度检测控制设备，不能使用全程冷冻冷藏车辆进行运输，常常采用常温进行物流配送。

（四）专业冷链物流管理人才缺乏

河南省食品产业的迅猛发展促进了冷链物流行业的快速成长，但行业快速发展和现有人才培养出现了脱节，已成为制约冷链物进一步发展的关键因素。要保持冷链产品的流通效率，除了各流通环节需要专业化的运载储备设施外，还需要一体化的物流运作，这需要训练有素的冷链物流供应链管理和操作人员，而目前河南省非常缺乏相应的专业人员，省内各高校开设的物流管理课程中，也只讲授一般运输仓储配送，很少有关于冷链物流的课程，学生毕业后到冷链物流企业工作，也是现学现卖，缺少系统性的理论功底。从一些涉及冷链物流企业的调查发现，"无人可用"是他们共同的心声，各冷链物流公司虽然急需有"冷链物流"经验的人才，但由于人才市场上有经验的冷链物流人才太少，只能用普通物流行业的标准招聘员工。

第七章　河南省细分冷链产业发展现状

第一节　河南省冷冻食品冷链产业发展现状

一、发展概况

（一）冷冻食品消费需求旺盛、冷链物流市场潜力巨大

河南省食品加工业发展迅猛，拥有双汇、众品、思念、三全、科迪、华英、大用等众多速冻冷藏食品龙头企业，为冷链产业发展奠定了雄厚基础。

提起速冻食品大多数消费者首先想到的是速冻水饺。速冻水饺品牌知名度最高的是"思念"（53.2%），其次是"三全"（39.6%）。其他如"云鹤"、"科迪"、"胖哥"、"郑荣"等品牌的知名度相对较低。消费者对速冻水饺的口味偏好主要是韭菜大肉馅、芹菜大肉馅、白菜大肉馅以及素三鲜馅和羊肉馅。其中，消费者对口味评价相对较好的品牌是"思念"（83.2%）、"三全"（65.2%）和"科迪"（38.2%），其他品牌口味评价相对较低。

在有关速冻汤圆知名度最高的品牌调查中，"三全"（47.4%）和"思念"（43.8%）可谓难分上下，"科迪"、"胖哥"、"九头崖"和"云鹤"等品牌的知名度相对较低。郑州消费者对汤圆口味的偏好以黑芝麻、山楂和花生口味为主，对黑糯米、巧克力、豆沙、枣泥、肉馅等口味的偏好相对较低。

（二）政府重视食品安全，扶持冷链产业建设

河南省是一个食品、药品生产和消费大省，食品、药品安全和环境卫生一直

都被特别关注。完善的政策导向为河南省冷冻食品冷链产业发展提供了强有力的保障。鼓励有关部门加强协调与配合，对重要项目给予引导和扶持；引导和推动高等院校设置冷链相关学科专业，加强高素质人才队伍建设；兼顾冷链物流企业特点，在税收、土地、标准建设、监督机制等方面加大政策支持力度。

（三）国家战略促使郑州成为发展综合物流平台的战略要地

中原经济区建设、郑州航空港建设、郑欧国际铁路货运班列开启"新丝绸之路"、郑州跨境 E 贸易等国家战略的实施，促使郑州成为构建"内集外输、外进内疏"的综合物流平台的战略要地。这将进一步促进货物、产品的聚集和流动，带动对冷库设备、制冷设备、冷链服务及运输设备、速冻设备等强大的需求。

二、典型案例

（一）郑州思念食品有限公司

郑州思念食品有限公司是中国最大的专业速冻食品生产企业之一，产品超过200 个品种，国内市场占有率在 20% 以上。思念公司汤圆类产品被农业部绿色食品发展中心认定为"绿色食品"，思念牌的汤圆、饺子获得"中国名牌"称号。思念公司 2006 年在新加坡交易所主板成功挂牌上市，2008 年成为北京奥运会速冻包馅食品独家供应商。

思念公司凭借业内领先技术、设备和严格的质量控制体系，为消费者提供优质美味的健康食品，致力于满足大众对完美生活品质的追求。该公司产品已经进入美国、加拿大、法国、意大利、日本、新加坡、泰国、马来西亚、中国香港、中国澳门等国家和地区的市场。零售业巨头沃尔玛公司与思念公司签订了贴牌生产、全球供货的协议，家乐福、麦德龙等国际大公司也相继与思念公司达成合作协议。

思念公司以高品质的产品、严密的质检手段、严格的管理在 10 年间打造出了"思念"这一优秀品牌，建立有完善的质量和食品安全管理体系，从采购、生产、运输、销售等各个环节，层层把关，以求为消费者提供优质美味的健康食品。

未来，思念公司将以"冷为中心，同心扩张，国际知名企业，顾客信赖品牌"为发展目标；以深层分销、密集分销的营销规划布控全国。

(二) 郑州三全食品股份有限公司

郑州三全食品股份有限公司是中国生产速冻食品最早、规模最大、市场网络最广的企业之一，总部位于河南省郑州市。中国第一颗速冻汤圆、第一只速冻粽子都出自该公司。

三全公司始终坚持"全面的质量管理、全新的生产工艺、全方位的优质服务"，由当初的一个小厂，发展成为现今占地 8 万多平方米，拥有几十条现代化生产线及几万吨低温冷库的大型速冻食品生产企业。

三全公司在同行业中率先取得了自营进出口权，并取得了 ISO9001 和 HACCP 两项国际认证，产品已出口到北美、欧洲、澳洲和亚洲的 10 多个国家和地区。

三全公司设有行业内唯一一家国家级企业技术中心，拥有行业唯一一家博士后科研工作站。"三全"品牌被中国品牌研究院认定为速冻食品行业的标志性品牌，是速冻食品行业内唯一一家既获得"中国驰名商标"又取得"中国名牌产品"称号的企业。

第二节　河南省肉制品冷链产业发展现状

一、发展概况

近年来，人们对冷鲜肉、分割肉及其延伸制品的需求量迅猛增加，肉制品"冷链"物流进入持续增长期。肉食品企业开始纷纷编制冷链物流规划，建设冷链物流基地，构建自己的冷链物流体系。

河南省目前有 47 家进口肉类企业。近年来，这些企业对进口肉类的需求和进口量呈几何式增长，预计 2015 年进口肉类产品将达 64.07 万吨。2015 年 8 月，国家进口肉类指定口岸验收组对外宣布，河南省进口肉类指定口岸郑州、漯河两个查验区设施基本完善，制度建设较为全面，口岸条件符合总体要求，同意河南省进口肉类指定口岸通过审核。

河南省进口肉类指定口岸按照"一个口岸、两个查验区"的模式，分别在郑州航空港经济综合实验区和漯河双汇集团物流园区建设口岸查验区。其中，郑州查验区项目首期占地 80 亩，总投资 1.5 亿元，按照每天查验 1200 吨、年查验40 万吨肉制品规模规划建设；漯河查验区按照年查验 40 万吨肉制品规模建设。两个查验区均设有查验仓储区、联检办公区、露天堆场区、检疫处理区等功能区，可平行开展业务。

河南省口岸可以实现"口岸信息集中申报、关检合一共同查验、多式联运分拨配送、区港联动直通放行"等功能，未来进口肉类产品可以从国外直通郑州、漯河两地办理查验手续。该口岸投入运营后，可充分发挥郑州航空口岸、铁路口岸功能，大幅降低物流成本，带动河南省及中部地区食品产业和冷链物流业转型升级。

二、典型案例

（一）河南省众品食业股份有限公司

河南省众品食业股份有限公司创立于 1993 年，经过 20 多年的创新与发展，现已成为专业从事农产品加工、食品制造和冷链物流服务的企业集团。众品集团的主导产品包括冷鲜肉和低温肉制品系列，众品商标被认定为中国驰名商标。众品集团 2006 年 2 月在美国成功上市，2007 年 12 月转升纳斯达克全球精选市场，成为中国食品行业首家纳斯达克主板上市公司。

河南省众品生鲜物流有限公司（以下简称众品冷链），是专业从事冷链产品配送、仓储、农产品流通加工、物流增值服务的专业化冷链物流公司。该公司专注于冷链产品的仓储、配送、流通加工、增值服务等，现已建 8 个产地物流基地，已建/规划 10 多个销地物流基地，正在形成覆盖中国主要冷链产品产地和销地的冷链物流网络。

1. 用低温技术给食物保鲜

众品冷链定位于中国冷链食品服务集成商，紧紧围绕食品安全、营养与运营效率，以供应链管理和系统化管理理念为核心，综合应用现代管理方法、现代信息技术、物流技术、节能和温度监控技术，为客户提供统一、安全、高效、快捷的服务。

为了保证全程保鲜，众品冷链通过低温加工、低温贮藏、低温运输及配送、低温销售，使农产品从田间到餐桌始终保持在低温环境，锁住自然的新鲜与美味，传递自然的健康与营养。众品冷链引进、推广自动化冷库技术和库房管理系统、真空预冷技术、无损检测与商品化处理技术、运输车温度自动控制技术等，确保冷链物流的技术支撑。

2. 集成服务打造精品物流

众品冷链以"网络化冷链物流基地 + 供应链整合优化服务 + 生鲜加工"为支柱，营造在中国乃至全球温控供应链上的比较优势，为客户提供端到端全程透明、集成的温控供应链服务。与普通人对物流"仓储、运输、分拣、包装、贴标签、城市配送"的理解不同，众品冷链通过集成仓储、运输、分拣、配送、检测、信息、金融服务等功能，为客户提供"中高端冷链产品展示交易、供应链集成优化、农产品及生鲜产品加工、电子商务、供应链金融"等一系列系统化、标准化的增值服务，搭建整合区域食品资源、快速相应市场的平台，有效解决冷链产品"最后一公里"的配送问题。

众品冷链装备了先进的运输管理系统（TMS），并且在物流冷藏车上配备了GPS/GIS 跟踪系统，通过信息化网络平台系统让客户实现货物的全程可视化监控，保证承运车辆在途全程制冷，确保了车辆在途温度和产品质量安全。2010年底，众品冷链对原有的 ERP 系统进行更新升级，实现了自由冷链系统与客户监控系统的对接，方便客户实时监测货物仓储状态及配送情况。

（二）双汇集团

双汇集团总部位于河南省漯河市，旗下子公司有肉制品加工、生物工程、化工包装、双汇物流、双汇养殖、双汇药业、双汇软件等，总资产200 多亿元，员工 65000 人，是中国最大的肉类加工基地。2013 年，双汇集团以 70 多亿美元收购世界最大的生猪养殖企业美国史密斯菲尔德食品公司的全部股份，使双汇集团成为世界最大的肉类加工企业。

1. 开创中国肉类品牌

双汇集团坚持技术创新，建立了国家级的技术中心、博士后工作站，做出了

200多种冷鲜肉、400多种调理制品、600多种肉制品的产品群，满足消费需求。双汇集团是国家质检总局授予的"国家质量管理卓越企业"，双汇肉制品是"中国名牌"。双汇集团实施六大区域的发展战略，立足河南，面向全国在黑龙江、辽宁、内蒙古、河北、山东、江苏、浙江、湖北、河南、江西、四川、广东、安徽、广西、上海等18个省市建设了20多家现代化肉类加工基地，在31个省市建有300多个销售分公司和现代化的物流配送中心，在美国、西班牙、日本、韩国、中国香港、新加坡、菲律宾等建立有办事机构，形成了纵横全国、辐射海外的生产销售网络，使双汇产品走出河南省、遍布全国、走向世界。

2. 打造中国冷链物流第一品牌

双汇集团坚持用现代物流业改造传统屠宰业，大力推广冷鲜肉的品牌化经营，率先把冷鲜肉的"冷链生产、冷链配送、冷链销售、连锁经营"模式引入国内，实现热鲜肉、冷冻肉向冷鲜肉转变，传统销售向连锁经营转变，引导了行业的发展方向。

双汇物流是双汇集团旗下的全资公司，是国内最大的专业化公路冷藏物流公司之一，是中国物流100强企业、中国食品物流50强企业、中国冷链物流金牌服务商、河南省物流10强企业等。双汇物流以发展冷链物流为核心，建立了完善的冷藏物流全产业链，将打造中国冷链物流第一品牌作为发展战略，以规模优势、网络优势、资金优势作为强大支持，凭借现代物流信息技术平台，为客户提供优质高效、安全快捷的物流服务。

双汇物流拥有冷库20万吨、常温库、配送库18.5万平方米，铁路专用线7条，分布在全国各地。公司自有各种冷藏运输车辆1500余台，常温运输车辆150多台，总运能15000吨以上。具有规模化的冷藏货物储存、分拣、加工、包装及10~90立方米车型的调控能力。

经过几年的快速发展，双汇物流成功实现了由企业物流向第三方物流企业的转变。公司利用自身网络优势为客户提供门到门、点到点的运输、分销和配送服务，与国内外知名的肉类、乳品、冷饮、快餐、商业连锁、医药、果蔬、花卉等企业建立了良好的长期战略合作关系。

第三节　河南省乳制品冷链产业发展现状

一、发展概况

河南省已步入奶业发展大省。2013 年，河南省奶牛存栏数量达到 100 万头，奶类产量 328.80 万吨，跃居全国第四位；河南省乳制品行业的市场规模达到 120 亿元。截至 2014 年上半年，河南省共有规模以上乳制品制造企业 41 家，没有企业亏损；河南省乳制品行业资产总额为 54.67 亿元，同比增长 12.42%；河南省乳制品行业累计实现销售收入 60.18 亿元，同比增长 11.95%。

乳制品冷链需要进一步发展。一条完整的乳制品冷链包括低温采购、低温加工、低温贮藏、低温运输与配送、低温销售五个环节，只有在五个环节中都使乳制品处于其需要的低温环境中才能保证质量、减少损耗，使一些活性菌奶产品的活性菌保存活性状态，巴氏鲜奶和酸牛奶处于很好的保鲜状态，使巴氏鲜奶和酸牛奶延长销售半径，实现省际流通，使消费者能有更多的消费选择与方便。目前，国内很少有乳制品企业能够独立开展采购、仓储、运输、配送等一条龙综合冷链物流服务，第三方物流介入很少，影响了冷链物流的在途质量、准确性和及时性，常常出现"断链"现象。各地虽有一定数量的冷库和冷藏运输车队，但服务功能单一，规模不大，服务范围小，跨区域服务网络没有形成，无法提供市场需求的全程冷链物流服务。

二、典型案例

（一）河南省花花牛乳业股份有限公司

河南省花花牛乳业股份有限公司是河南省花花牛集团旗下的一家专业乳品制造企业。花花牛乳业生产"花花牛"牌系列乳制品，先后荣获"河南省十佳品牌"、"河南省重点保护产品"、"河南省免检产品"、"国家免检产品"等殊荣，在河南省及周边省份具有良好的市场口碑。

花花牛乳业拥有国际先进的 UHT 百利包生产线及大型的发酵型灭菌乳饮料生产线，主要生产四大系列，50 多个品种，3.0 高蛋白杯装酸奶、瓶装酸奶、酸奶露等低温产品，以及中性、调配型乳饮料，满足大中城市及农村消费者的需要。公司 10 万级的灌装车间严格按照 GMP 要求设计建设，保证了产品的高质量灌装。公司在建立研发中心、品控中心，保证产品研发能力的同时，依托花花牛集团下属的河南省乳品工程技术研究中心，进一步提升公司的产品创新能力和质量控制水平。

花花牛乳业在沿黄河滩区绿色奶业示范带内投资 4000 多万元，建成优质奶源基地 78 处，全部采用五统一（即统一配种、统一防疫、统一供料、统一饲养、统一挤奶）的管理模式，机械化挤奶和低温储存、罐车运输的新鲜原料奶，生产现场各工段工艺系统采用先进的监控设备，关注生产的每个环节，为市场提供满意的乳制品。

（二）科迪乳业股份有限公司

河南省科迪乳业股份有限公司是国家农业综合开发资金投资，属国家财政参股企业，2015 年 6 月在深交所挂牌上市。科迪乳业严格按照国际乳业标准设计，引进英国、瑞典、法国、美国等国家的先进生产设备和技术工艺，主导产品有利乐砖、百利包、爱克林、屋顶包、八连杯等 UHT 超高温瞬时灭菌奶和巴氏杀菌奶系列。2009 年，河南省首家奶品安全工程技术研究中心落户科迪乳业，为科迪乳业产品质量安全提供全方位保障。科迪乳业借助区位优势和绿色奶源基地优势已成为苏鲁豫皖四省强势品牌，综合实力排列河南省第一位。

科迪乳业始终坚持走基地型乳业的路子（先建基地，再建工厂，再建市场），重点建设奶源基地，实现高比例自有自控奶源，着力打造基地型、现代化乳品企业。目前，科迪乳业已经具备了基地优势、良种繁育优势、区位优势、品牌优势，形成了从奶牛养殖繁育到乳品加工、储运、销售较为完善的产业链。目前，科迪乳业正在实施"年产 20 万吨液态奶"和"万头现代牧场"项目。全部采用国际最先进的利乐生产线和工艺技术，其规模、设计理念、技术先进程度等均为行业领先；全部采用国际最先进的利拉伐设备和饲养管理系统，并建设乳业低温储运冷链。

第四节 河南省果蔬花卉冷链产业发展现状

一、发展概况

果蔬冷链物流的需求市场巨大。河南省是农副产品大省，为拓展农副产品销路，将本地产品保质保量地输送至较远距离的地区甚至国家进行销售，催生了对冷链物流服务的大量需求。河南省经济持续发展，居民购买力不断增长，更加重视食品安全问题，对冷链物流服务的潜在需求正逐年增长。

近年来，河南省积极响应国家节约能源、降低物流成本的号召，依托冷链物流比较成规模的优势，投资建设智能温室。智能温室以栽培蝴蝶兰、盆景蔬菜、水果为主，集种植、观赏鱼类养殖研发为一体。这种新型的流通平台，能有效利用太阳能，节省了能源的消耗成本，实现了花卉直接到花卉批发市场的无缝冷链保鲜链接，保证了花卉的新鲜，也减少了中间流通环节，节约了物流成本。

二、典型案例

郑州陈砦花卉交易市场是我国长江以北最大的花卉交易市场和国内最大的室内花卉交易市场，以其优越的环境，便利的交通，全方位的服务设施，吸引了来自全国各地的商户，并已辐射到山西、内蒙古、陕西、河北等省，形成了中国花卉业四方交流的一个"大舞台"。

郑州陈砦花卉交易市场正在向"专业化、集约化、规模化"进一步发展，以满足规模日益增大的花卉产业，由此带动了周边饮食业、花卉冷藏运输仓储业、租赁业等的发展，同时改变了本区域的种植结构，激发了周边地区农户种植花卉的积极性，带动了区域经济的快速发展。

第五节 河南省医药冷链产业发展现状

一、发展概况

（一）多家公司建设医药冷链

在顺丰巨资进军冷链物流，1号店、天猫、京东和苏宁易购等电商巨头展开一场由"生鲜"引发的"冷战"之际，中国医药商业协会联合国药控股、九州通、华润医药、哈药集团等9家药品流通企业成立了温度敏感性药品流通安全试验室（以下简称试验室），并计划于3年内制订医药冷链标准。

九州通、上海医药、华润医药、哈药股份等医药流通龙头都已建立了自己的医药冷链系统。哈药股份公司旗下设有专门的医药物流公司，而集团下设的生物工程公司因配送血液制品、疫苗等特殊药品的需求，也建有自己的冷链物流系统，以保证药品在配送过程中的品质。上海医药公司以上海医药分销控股为核心开展自己的医药分销业务，并通过集团旗下40多家子公司和30多家的物流中心形成全国性的分销网络。这些公司在河南省有一定的冷链运输与分销网络。

（二）医药冷链空运将是河南省航空货运增长点之一

不管外界的温度高低，保持药品冷链运输是货运运营商优先需要解决的问题。如果产品完整性被破坏，那么高价值的产品会付之一炬。制药产品的运输要求法规遵从性、产品管理完整性、细节和质量、温度控制、货品跟踪等，管理水平比其他行业高出很多。因此，药品运输是航空货运的高利润增长的机会。

长期以来，受到包装要求、服务流程、操作规范、标准法规、安全检验检疫等诸多因素的限制制约，使得我国航空公司与欧美等发达国家航空公司，在航空冷链运输方面形成了很大差距，导致货物损毁、货源流失、收入下滑等现象，医药产品运输份额从 40% 左右下降到 10% 以下。在这种背景下，借助郑州航空港经济综合实验区，发展医药冷链航空运输，将是河南省冷链产业未来的一个增长点。

二、典型案例

华润河南医药有限公司是河南省首批通过国家 GSP 认证、ISO9000 质量认证的大型医药批发企业，现有仓储面积 15278 平方米，库存商品达 10000 多个品种规格。

华润河南医药是河南省卫生厅、河南省食品药品监督管理局指定急救解毒药、医疗性毒性药、凝血因子Ⅷ等特殊药品指定供应单位。华润河南医药及河南省各地市主要医疗单位的急救药品的动态库存可随时通过急救药品网和手机短信查询，一旦出现突发事件，各级医疗单位可在最短时间、最近地方找到所需药品。

依托信息化优势，华润河南医药成功引进医药智能化服务体系，规范河南省医药流通市场、提升河南省医药现代物流技术和水平。华润河南医药是河南省首批使用自动化分拣系统的医药物流企业，其自主开发的药品冷链监控系统达到了国内先进水平。

第六节　河南省水产品冷链产业发展状况

一、发展概况

中国产业信息网数据显示：2015 年 7 月中国冷冻水产品产量为 69.4 万吨，2015 年 1~7 月累计中国冷冻水产品产量为 453.1 万吨。河南省水产品量较低，但河南省人口众多，对水产品的消费量与日俱增，这需要水产品储运冷链物流来保障水产品新鲜品质。

河南省是海水、淡水产品消费大省，需要保障水产品"从源头到餐桌"安全，水产品冷链物流迎来了发展的机遇。以郑州为例，2010～2014年，海鲜水产品消费量由3.5万吨猛增至6.2万吨，增幅达88%，推动水产行业快速发展。水产企业的不断壮大，水产交易中心也多了起来。

二、典型案例

(一) 河南省五洲国际水产中心

2005年，河南省五洲国际投资新建了一批冷链物流项目，促进了郑州水产企业的新一轮转型升级。经过10年的拼搏努力，这个目前本市最大的单体超3万吨的冷库建设项目，已建有冷库10余万吨，并辐射周边达30万吨，且承担着本市居民所需大宗水产类冻品的冷冻冷藏任务，充分发挥了水产行业龙头作用。

如今郑州的水产品不仅能够保障本地市场，还辐射华北、东北、西北"三北"地区，河南省五洲国际水产在其中扮演了重要的角色。未来，河南省五洲国际水产还将进一步发挥自身冷冻、冷藏优势，扩大对内对外合作，建设内外贸平台，并整合社会资源，打通上下游供应渠道，打造安全可靠的城市冷链物流配送体系，为城市居民提供安全放心、可追溯的冷冻、生鲜水产品，确保百姓的餐桌安全。

(二) 洛阳经开区万吨级冷链物流中心

由洛阳戚伍水产品公司投资、江南大学提供技术支持的万吨级冷链物流中心，是目前全省首个集特种水产品养殖、加工、销售、物流终端市场、科研于一体的水产品全产业链冷链物流大型企业。该中心拥有食品级标准化厂房1.15万平方米，建有全套环保净化设备4组和全自动速冻隧道2组，冷库容量1.2万吨。

冷链物流是食品新鲜与安全的保证，该万吨级冷链物流中心将对水产品上下游企业联动，促进食品"从源头到餐桌"全产业链安全可控、整合发展起到示范带动作用。洛阳是全国罗氏沼虾养殖标准化示范区，水产品产业化程度较高，深加工企业众多，迫切需要冷链物流介入推动进一步发展。下一步，公司通过培植、扶持和引导，帮助冷链物流中心与水产养殖户、加工物流企业、大卖场等建立终端互联关系，整合物流企业，实现零担式货运，减少运营成本，增加效益。

第七节 河南省军事应急物流发展现状

近年来，河南省军区抓住社会经济发展机遇，融合科技、交通、物流等资源建立军事物流（包含军事应急物资冷链物流）快速通道，为能打仗、打胜仗提供有力后勤保障。

依托新郑国际航空港区，南阳、洛阳机场和省高速交警总队直升机巡逻大队，签订征租用协议，建立军事物流"空中走廊"；依托郑州、洛阳等城市，建立交通运输、装备制造、医疗卫生等14个省级以上动员中心；依托河南省航空物流园、郑州国际物流港、洛阳国际物流港等大型空地仓储基地，签订代储代供和应急保障协议，建立军地一体的军事物流运输队伍。联合交通战备部门，与13个重要战略位置的高速公路服务区、民用加油站等签订征租用协议，紧急情况下，供应商可直接提供保障。地方交通、航空部门规划高铁站台、航空港区时充分考虑保障部队主战装备、后勤物资输送装卸载，分别建立了军事物流快速通道。借助河南省推行县县通高速公路的机遇，完善驻豫部队进出口道路100多条，为7个师团级单位专门开设高速路口，提高军事物流输送和作战保障能力。

"物联网"接入战场，保障时效翻倍。河南省军区与科研院所联合研发了军地应急物流调度管理平台，引用自动识别、运动跟踪、卫星定位系统等，建立全省运输分队人员、车辆、物资等信息数据库，实现了物流配送单元网络与信息网络的"无缝链接"。根据国家8吨以上货运车辆安装卫星定位装置的规定，与省交通厅、电信公司等部门建立信息共享机制，通过军地应急物流调度管理平台掌握过往省内的车辆信息，按照有关国防动员法规随时征用紧急通用物资。成立军事物流技术分队，对所有签订协议的仓储物流基地，统一规范物流信息、物流体系、物流过程等运行标准，与地方运输装备的车载摄像装置、3G 中继、GPS 定位系统建立军事物流网络体系，实现军事物流从供应到需求全程可视、实时可控。研发物资仓储信息化管理系统，采用射频、二维条码等智能识别技术，确保军事物流精确保障。目前，河南省军区军事物流网与全省国民经济动员中心、100 多家企业等已实现网络系统深度融合。

第八章　河南省冷链产业发展目标与任务

第一节　河南省冷链产业发展目标

一、指导思想

河南省冷链产业发展目标与指导思想是围绕适应城乡居民生活水平提高，保障居民食品安全，构建农业增产增效长效机制的需要，以市场为导向，以企业为主体，加快冷链物流技术、规范、标准体系建设，完善冷链物流基础设施，培育冷链物流企业，建设一体化的冷链物流服务体系，以确保农产品品质和消费安全，降低农产品产后损失和流通成本，促进农民增收。

二、发展目标

河南省冷链产业发展目标是到 2020 年，建成一批效率高、规模大、技术新的跨区域冷链物流配送中心，冷链物流核心技术得到广泛推广，形成一批具有较强资源整合能力和市场竞争力的核心冷链物流企业，初步建成布局合理、设施先进、上下游衔接、功能完善、管理规范、标准健全的农产品冷链物流服务体系；肉类、速冻食品、果蔬、花卉冷链物流水平显著提高，食品安全保障能力显著增强；肉类、果蔬冷链流通率分别提高到30%、20%以上，冷藏运输率分别提高到50%、30%左右，流通环节产品腐损率分别降至8%、15%以下。

第二节　河南省冷链产业发展任务

一、加强冷链物流系统的整体规划研究，建立一体化的冷链物流体系

发展和普及冷链物流是一项系统工程，需要进行整体规划和深入系统研究。河南省应尽早制定并落实冷链物流上下游的整体规划和行业规范，以有效地整合配置资源。在点上要改变冷链物流硬件设施建设滞后的局面，在链上要考虑冷链物流硬件设施与物流各个环节的完美结合，依靠大型冷链物流企业和低温食品加工企业，串联供应链上下游节点，逐步形成以核心企业为轴心的一体化的冷链物流体系。

河南省应借鉴经济发达国家及沿海经济发达地区经验，加强冷链行业规划的方向性引导，将供应链管理思想引入河南省冷链物流体系建设中，完善监管措施和技术管理手段，最终实现从农场到餐桌的覆盖冷链物流全程的食品安全控制与管理；建立主要品种和重点地区农产品冷链物流体系，鼓励肉类、速冻食品冷链物流发展，逐步推进果蔬冷链物流发展。

二、大力发展专业化的第三方冷链物流，打造品牌化冷链物流企业

从美日等冷链流通率较高的发达国家来看，自营冷链物流将逐渐转为社会化的第三方冷链物流模式。成熟的第三方冷链物流模式具有以下优势：①克服了冷链物流运营专业化以及基础设施高投入的门槛，加速了冷藏冷冻食品生产、流通企业的发展，使其集中于核心业务；②拥有健全的服务网络和运作成熟的信息管理系统，可为客户提供专业、高效的冷链物流服务；③可通过共同配送、集约化经营等手段的实施，带来冷链物流成本的节约（史秀苹，2012）。

河南省要在发展食品冷链物流方面取得优势，就应抓住时机，培育大型第三方食品冷链物流企业，打造品牌化冷链物流企业，才能确立郑州在全国冷链物流

的中心地位。河南省培育大型第三方食品冷链物流企业可以采取以下几种途径：①鼓励双汇、众品等有一定规模、有条件的大型低温食品生产流通企业，组建独立运作、单独核算的第三方冷链物流企业，快速完成冷链物流网络布局，提供国内领先的、完善的冷链物流服务；②鼓励豫鑫、长通、冷王等大型物流企业，积极拓展冷链物流配送业务，为客户提供优质冷链物流服务；③鼓励第三方冷链物流公司的并购重组，淘汰竞争力差、服务质量差的企业，培育竞争力强的大型第三方食品冷链物流企业，实现资源优化配置；④鼓励第三方冷链物流企业树立正确的冷链物流品牌理念，通过为客户提供个性化服务，提高冷链服务质量，统一冷链物流品牌标识，打造第三方冷链物流知名品牌。

三、加强冷链物流人才培养，打造专业冷链物流人才

河南省冷链物流人才极其短缺，这已经严重制约了冷链产业的发展，引进、培养冷链物流人才势在必行。冷链物流专业化程度高，对各环节操作人员要求高，人才缺口巨大。要大力发展冷链物流，必须针对物流各环节引进、培养专门的操作、技术、管理等方面的从业人员，满足冷链产业对人才的需求。

河南省可以建立多层次相结合的物流人才培养体系，以解决冷链物流人才缺口问题，为该行业长期持续发展提供支持。一方面，通过社会招聘，引进冷链研发人员、管理人员、操作人员、信息管理人员、流程再造和优化及运作规划设计人员等冷链物流人才，解决冷链物流人才短缺的燃眉之急；另一方面，大力开展冷链物流职业技能培训，引导冷链物流企业采取委托培养、订单培养、短期培训等方式，联合具有冷链物流专业的大、中专院校和职业教育机构，共同实施职业培训和继续教育，培养智能型和技能型人才，为冷链物流的发展提供长久动力。

四、完善冷链物流法规及标准，推进专业认证

当前冷链物流经常出现断链或者温度不达标的现象，要杜绝此类现象发生，必须建立健全冷链物流相关的法律法规、行业标准，规范冷链物流行业的经营，并通过加强冷链监管体系建设，确保标准的执行。

河南省应结合产品质量认证、质量安全追溯体系、行业产品质量监督，制定

相应的冷链法律、法规，建立冷链物流质量标准和行业服务行为规范，如生产加工基地的操作标准与规范、产品预冷与储藏标准、包装标准、检测标准、运输标准、销售标准、环境标准、服务标准等，积极推进有机产品、HACCP（国际通行的危害和关键控制点原理）及ISO（国际标准化组织）等专业认证制度、原产地保护和地理标识管理等，以标准化管理跟踪与监控食品在冷链各环节中的运行状况，为冷链物流企业创造一个良好的市场环境，确保冷链食品质量安全。

五、建立冷链物流公共信息平台，推动冷链物流信息化

冷链物流一般遵循"3T原则"，即产品最终质量取决于在冷链中贮藏和流通时间（Time）、温度（Temperature）和产品耐藏性（Tolerance）。冷链物流要求冷链食品在各个环节都处于低温状态，冷链上的任何参与方都能够及时获知有关产品新鲜度、质量安全等信息，同时也可为食品安全核查提供可溯源性信息支持。因此，河南省应建立冷链物流公共信息平台，并引导有条件的冷链物流企业建立企业自身的冷链物流信息系统。

（1）建立冷链物流公共信息平台。河南省应通过财政资金支持建立区域性各类生鲜农产品冷链物流公共信息平台，实现数据交换和信息共享，优化配置冷链物流资源，为建立冷链物流产品监控和追溯系统奠定基础，为冷链有关方面提供准确的市场动态和信息沟通，及时反映稍纵即逝的市场动态，以增强不同区域、不同公司之间的资源共享和业务协作，提高冷链物流企业的服务品质，提高行业监管和质量保证水平。公共信息平台的推广应用，能够有效降低冷藏运输车辆的空载率，缩短待运闲置时间，降低单位产值的能耗和企业成本，提高政府监管部门的冷链信息采集和处理能力。

（2）推动冷链物流信息化。鼓励、引导冷链物流企业建立自身的冷链物流信息系统，通过引进POS技术、EDI技术和GPS技术等先进信息技术，实现供应链信息一体化，做到上下游企业信息共享。

六、加强冷链物流基础设施建设，改进和更新冷链物流设备

加强冷链物流基础设施建设。与先进国家和地区相比，河南省冷链物流基础

设施相对薄弱，政府应鼓励冷链物流企业充分挖掘现有设施潜力，积极建设先进设施，改善冷链物流设施条件。重点加强各类保鲜、冷藏、冷冻、预冷、运输、查验等冷链物流基础设施建设，完善主要运输线路的冷链物流基础设施建设，形成配套的冷链物流综合运输网络。

改进和更新现有冷链物流设备。河南省冷藏运输装备在冷源的应用、气调保鲜技术的开发、相关设备可靠性、车体隔热和气密性、载货容积和重量、新材料应用、地面设施完善程度等方面，与世界水平相比存在很大差距。河南省应鼓励相关企业加强与先进国家的合作，引进和开发适合冷链物流发展需要的新型冷藏运输设备，改进和更新现有冷链物流设备，提升冷藏运输设备整体水平。

七、加大科技投入力度，集成创新冷链核心技术

河南省冷链物流技术落后，大大影响了冷链产品的质量和成本。因此应加大科技投入力度，集成创新冷链核心技术，不断革新冷冻、冷藏和信息化管理等软硬件技术。大力开发并推广使用农产品产后低温包装、冷藏保鲜新技术；发展适应冷藏快运业务的快速冷藏车，控温范围广、灵活机动、适合小批量运输的小组份机冷车，以及能够适应货物多样化及长距离运输的冷藏集装箱技术；发展物联网、云计算、智慧物流等智能化信息新技术，通过网络平台，实现冷链物流信息实时监控和联通监控。

第九章　推进河南省冷链产业发展的政策路径

第一节　优化冷链产业的产业布局与服务模式

一、政策引领产业布局优化

2013 年，河南省政府印发了《河南省人民政府关于加快推进产业结构战略性调整的指导意见》（豫政〔2013〕65 号）。2014 年，又印发了《河南省人民政府关于建设高成长服务业大省的若干意见》（豫政〔2014〕42 号），将河南省的物流业提高到重要的发展战略地位。河南省人民政府办公厅落实精神，发布了《关于印发河南省物流业发展三年行动计划的通知》（豫政办〔2014〕82 号）（以下简称《通知》）。

《通知》提出，围绕中原经济区和郑州航空港经济综合实验区建设，依托航空、铁路、公路等现代综合交通枢纽和网络，进一步强化中心、优化节点、完善设施、提升功能，加快物流园区建设，大力培育物流领军企业，发展壮大特色物流，以产业联动提升产业集聚区生产物流服务能力。

《通知》提出，大力发展冷链物流等特色物流，打造一批优势突出、辐射带动能力强的特色物流集群。壮大行业龙头，完善区域网络，加快构建适应消费升级的冷链物流体系，建设全国重要的冷链物流基地。整合物流资源，创新服务模式，加强冷链物流企业与连锁零售餐饮、食品加工、贸易分销等企业合作，提供全球采购、城市终端配送等服务，推广"线上线下"经营模式，实现网订店取，推动行业龙头向供应链集成服务商转变。广泛采用物联网技术，加强冷链物流设施设备信息化改造，建设产业链全流程质量监控和追溯系统。建设完善冷链物流的专业信息平台和公共信息平台，推动物流信息技术创新和应用。

根据河南省政府的规划，要把冷链产业发展纳入郑州航空港经济综合实验区城市发展总体规划，科学合理地进行产业布局。

二、构建适应消费升级的冷链物流体系

（一）建立进口澳洲活牛、活火鸡、活海鲜等活体冷链物流体系

建立完善的进口澳洲活牛、活火鸡、活海鲜等活体冷链物流体系，主要包括建设活体运输、养殖、隔离检疫和屠宰及深加工中心，带动从运输、饲养到深加工等多个产业的发展。

（二）建立以大型屠宰企业为依托的肉类冷链物流体系

积极发展覆盖生产、储存、运输及销售整个环节的冷链，建立全程"无间断"的肉类冷链物流体系。依托全省重点骨干屠宰企业，改善和扩大冷藏规模，提升冷链物流运行能力。自建或与社会冷链物流资源整合，形成以猪肉为主导，以家禽肉类为辅的冷链物流加工配送依托体系。发展猪肉冷链物流，减少生猪活体的跨区域运输。在大中城市要加快普及小家禽集中宰杀、冷藏配送物流体系。

（三）建立以主要水产品生产加工企业为主体的水产品冷链物流体系

促进水产品生产加工企业进一步提升冷藏设施和装备，加强与第三方物流企业建立供应链合作关系，在现有冰袋保鲜的基础上进一步完善水产品超低温储藏、运输、包装和加工体系，以冷藏为主建立从生产运输、分割包装到市场消费全过程冷链物流体系。重点水产市场要配备必要的冷藏库，购置水产冷链运输配送装备和设施。

（四）建立以果蔬基地为依托的特色农产品冷链物流配送体系

以区域集配中心为核心，对重点地区特色蔬菜水果，推广产后预冷、初加

工、储存保鲜和低温运输技术，发展一体化冷链物流，建立跨地区长途调运的冷链物流体系，促进反季节销售。大力发展"农超对接"、"农校对接"、"农企对接"等产地到销地的直接配送方式。

（五）建立从生产到消费的花卉全程冷链物流系统

花卉冷链物流贯穿于花卉产品从生产到消费的整个供应链，投资大、成本高、技术性强。政府要加大对专门用于鲜切花采后预冷、分级后冷却和运输前中长期冷藏的冷藏库、冷藏车、保鲜车的投资力度。通过整合社会资源，突破单个企业在资金、人才、技术和管理等方面资源先天不足的障碍和条块分割、部门所有的行政壁垒，形成独立完整的花卉冷链物流链。要建立利益共享、风险共担的花卉冷链战略伙伴关系和互信、互利的战略联盟机制，实施供应链物流集成化管理，以降低花卉冷链物流成本，实现整体利益的最大化。鼓励花卉种植、批发和零售企业按照分工协作的原则，促进企业内部物流社会化，形成专业的第三方花卉物流业。

（六）建立以大型农产品批发市场为依托的农产品流通冷链物流体系

依托全省重点农产品批发市场，进一步完善冷藏加工配送，建设和完善与之配套的冷链物流设施，提高自建冷链物流装备水平，大力发展共同配送，与社会冷链物流资源整合形成农产品流通冷链物流体系。

（七）建立以大型商业连锁为主体的终端冷链物流体系

依托大型商业连锁超市，布局农产品冷链终端销售体系，做好与农贸市场、社区市场、零售超市的高效衔接。进一步建设、完善、提升为终端消费服务的冷链设施，建设和配置冷藏储藏中转库，购置预冷保鲜、冷藏冷冻、低温分拣加工、冷藏运输工具、温控销售柜台等冷链设施设备。积极推进乳制品、冰激凌、速冻产品等其他产品的冷链物流配送发展。

三、整合物流资源，创新服务模式

（一）推进冷链物流模式创新

积极运用新理念、新技术、新方法创新冷链物流发展模式，如推广"冷链物流+交易"、"连锁直销+冷链配送"、"网络化冷库+生鲜加工配送"等新型冷链物流运作模式。

顺应电子商务的快速发展，积极构建冷链物流电子商务交易平台、冷链物流资源交易平台，逐步建立对接产销、平衡供需的大数据分析中心，科学配置全社会的冷库和冷藏运输资源，实现精准营销、高效配送。

通过把握行业趋势、为客户提供增值服务，逐步完善业务链，培养客户的黏性，建立长期稳定的伙伴关系。

（二）建立多元冷链物流模式

从全球发展趋势看，第三方物流是未来市场主体。大力发展第三方专业冷链物流企业，培育一批经济实力雄厚、经营理念和管理方式先进、核心竞争力强的大型冷链物流企业。推进第三方物流企业和上下游企业建立长期战略合作伙伴关系，整合资源，共筑低温冷链物流系统。

大力开展冷链物流服务，有效降低物流成本，提高物流效益，在产地、销地建设低温保鲜设施，实现产地市场和销地市场冷链物流的高效对接。促进大型生鲜农产品生产企业从生产源头实现低温控制，积极发展冷链运输和低温销售，建立以生产企业为核心的冷链物流体系。加快大型零售企业生鲜食品配送中心建设，在做好企业内部配送的基础上逐步发展为社会提供公共服务的第三方冷链物流中心。加快推进农产品冷链物流中心建设，积极引导冷链物流需求。

四、加快冷链技术研发，推进信息化管理

（一）加大冷链物流硬件的研发和投入

理想的冷链物流产业链应该是"产地预冷、冷链运输、市内配送中心、销售终端"四点一线，甚至可以直接从产地到终端。中间环节越少，成本越低，断链的可能越少。建议政府对产地冷库、市内配送中心等做一定规划，并做好标准，引导第三方冷链物流有序发展。另外，在实际操作过程中，运用信息系统管理能够全方位、多层次地对库存、出货、运输、结算等各环节进行有效管理和监督，同时辅以一套完整的运输管理信息系统（TMS），对企业运输过程中涉及的订单处理、运输、配送、承运商管理、运力管理、返单管理、应收应付管理以及退货管理等业务进行管理。

以加拿大、美国等发达国家为例，冷链产业链即全程温控和实时监控，在整个冷链运输流程中，都采用世界先进的冷链物流技术。在预冷阶段，采用真空预冷或冰温预冷技术。在贮藏阶段，采用自动化冷库技术，自动存储、电子数据交换和仓库管理系统等，将保鲜期延长 2～3 倍，通过气调贮藏技术，通过减少环境中的氧气含量，增加二氧化碳和氮气浓度，从而抑制呼吸作用，减少乙烯生成，延缓老熟过程。在运输和配送阶段，全程使用冷藏车或冷藏箱运输，设冷却、加温、测温和通风等装置。拥有容量大、自动化程度高的冷藏设施以及最先进的强制供电器驱动、自动控温记录、卫星监控"三段式"冷藏运输车，可同时运送三种不同温度要求的货物。零售与消费阶段，采用带定时喷水装置的壁式风幕柜、低温展示柜和空调系统等设备。

（二）推进智能化冷链物流信息管理系统的应用

政府应鼓励企业引入冷链物流信息系统，包括仓库管理系统、运输管理系统、电子数据交换、全球定位和全程温度监控、质量安全可追溯系统等，力争做到信息化、自动化和智能化。一是对产品安全问题，实现信息可追溯。二是能够通过 POS、EDI、GPS 等先进信息技术，建立统一标准的数据管理和交换系统，动态监测，了解货物信息。三是对冷藏货物数量、储存地点、交货时间、补货等管理信息系统，提高效率，降低成本和风险。从生产、加工、储藏、包装、运输和销售，实现从源头到目的地的无缝对接。

（三）加大创新力度

政府要加大创新力度，建立完善的现代冷链物流体系，提高冷链物流的现代化水平。通过引进消化、原始创新和集成创新等，对生产、储藏、加工、运输和销售各节点，进行技术升级，研发出适合河南省经济发展水平，性能好、成本低、容易操作的冷链物流装备与技术，以实现河南省冷链物流的现代化。

与信息技术深入融合，以实现农产品信息的全程记录，依托物联网、云计算、智慧物流等新技术，通过网络平台，实现冷链物流信息实时监控和联通，全程透明监控。

对冷链物流中所应用的核心技术，如电子信息、自动控制、新材料等的研发可以设立重大专项支持。对农产品冷链物流新工艺、新技术、新型高效节能的大容量冷却冷冻机械、移动式冷却装置、大型冷藏运输设备等进行集中攻关和研发，加快推进国际先进的物流冷链技术在冷链物流中的应用。

第二节 加强对冷链产业的行业监管

一、完善冷链产业的质量安全监管

（一）建立完备的冷链物流法律法规和标准体系

借鉴发达国家经验，建立完备的冷链物流法律法规和标准体系，主要包括制冷保鲜标准，涉及原料处理、分选加工、冷藏、包装标识、运输、配送销售诸环节；信息标准，涉及数据采集、交换和信息管理，旨在产品监控和可追溯；国际规范的安全认证和市场准入制度，如 HACCP、GAP、GMP、GVP 和 ISO 等；冷链设施设备及工程设计安装标准。

实施冷链物流操作规范和技术标准，规范冷链物流的业务操作。建立以 HACCP 为基础的全程质量控制体系，积极推行质量安全认证和市场准入制度。推动各类生鲜农产品原料处理、分选加工与包装、冷却冷冻、冷库储藏、包装标识、冷藏运输、批发配送、分销零售等环节的保鲜技术和制冷保温技术标准的实施。执行肉类、水产品等农产品运输强制标准。加强温度监控和追溯体系建设，实现在生产流通各环节的品质可控性和安全性。

（二）加大对冷链物流运输安全的监管

交通运输主管部门要依法加强对城市冷链运输物流市场的监督管理，完善冷链运输服务规范，对冷链运输物流企业的安全生产、经营行为、服务质量、管理水平等情况进行考核，提升冷链运输服务质量和水平。加强信用记录建设，及时、准确地记录城市冷链运输物流企业的基础信息和信用记录，并作为监督管理的重要参考依据。公安机关交通管理部门要加强对冷链运输物流车辆通行的监督管理，与城市交通运输主管部门联合开展监督检查和集中整治行动，依法严格查处非法改装、假牌假证、无证运输等严重违法行为。

(三) 加大对冷链物流信息安全的监管

加强物联网、云计算、大数据、移动互联等先进信息技术在冷链运输物流领域应用的同时，也要加强对信息的监管，促使冷链企业按照规范化、标准化运作的要求，建设全程温湿度自动监测、控制和记录系统。

(四) 加大对冷链物流产品质量的监管

建立冷链产品质量安全追溯体系，推进冷链物流流通追溯体系建设。加强产地准出管理，因地制宜建立冷链产品产地安全证明制度，把好产地准出质量安全关。加强对产地准出工作的指导服务和验证抽检，做好与市场准入的有效衔接，实现冷链产品合格上市和顺畅流通；同时，积极推行质量追溯。加快建立覆盖各层级的冷链产品质量追溯公共信息平台，制定和完善质量追溯管理制度规范，逐步实现冷链产品生产、收购、贮藏、运输全环节可追溯；规范包装标识管理，鼓励冷链产品分级包装和依法标识标注。指导和督促冷链物流企业进行包装分级，推行科学的包装方法，按照安全、环保、节约的原则，充分发挥包装在冷链产品贮藏保鲜、防止污染和品牌创立等方面的示范引领作用，推广先进的标识标注技术，提高冷链产品包装标识率。

二、改善和优化投资环境

(一) 完善法律法规和标准，政府引导扶持

认真落实河南省的冷链物流相关扶持政策，优化政府宏观扶持和保障。一是基础设施和信息化建设，土地、资金、信贷和税收等优惠政策。二是绿色冷链运输通道，减免高速通行费用，支持跨区域加盟，放宽城市交通管制，在车辆审验和管理等方面提供便利。三是健全检查与监督机制，规范行业秩序，保障冷链物流的健康发展。

对符合土地利用总体规划的重点冷链物流项目，在提高土地集约利用的基础上，合理安排用地。支持利用工业企业旧厂房、仓库及其他存量土地建设冷链物流设施；涉及到划拨土地使用权转让或租赁的，按规定办理土地有偿使用手续，经批准可采取协议方式出让；鼓励利用闲置废弃的工矿用地建设冷库工程。

优先发放冷链物流配送车辆市区通行证；研制"车型统一、技术统一、标准统一、管理统一"的标准化共同配送车辆，允许 24 小时城区通行。充分考虑冷链运输车辆因增加保温车厢和制冷机组使自重增加的特殊情况，合理确定运输车辆的载重量；对在高速公路行驶中发生违规行为的冷链物流运输车辆，依法依规从快处理，避免损失；支持冷藏运输车辆跨区域加盟，在车辆审验、车辆管理等方面提供支持。

（二）发挥行业协会作用

冷链物流体系建设环节多、产业链长，是一个跨部门、跨区域的系统工程，要充分发挥行业协会的作用。通过行业协会，建立冷链物流发展的协调会商机制，认真研究和解决冷链物流发展中的突出问题，加强对实施计划落实情况的监督检查和跟踪评估。

各类物流协会应充当政府与企业的桥梁：一方面协助政府落实各项法规政策，另一方面向企业提供服务，充分发挥行业协会的桥梁和纽带作用，做好调查研究、技术推广、标准制修订和宣传推广、信息统计、人才培养等方面的工作。

（三）完善冷链产业人才培育体系

冷链物流是一门交叉复合型学科，河南省要加强人才培养，建立人才开发战略，开展技术研究人员、管理经管人员、业务设计人员及一线人员的技能培训。协同科研院校、行业协会、物流企业，搭建多层教育培训体系。在高等院校，开设相关专业。鼓励行业协会和企业，开展技术培训及继续教育。同时，建立行业人才激励与柔性机制，规范职业资格认证，加快人力资源项目库建设。

三、推进冷链物流的市场化

充分发挥市场机制作用，鼓励企业加大投入，多渠道筹措建设资金。通过招投标引进一批实力雄厚、国内外知名的冷链物流企业，按照规划布局的要求，建设一批冷链物流设施，特别是大宗鲜活农产品产地预冷、初加工、冷藏保鲜、冷链运输等设施设备。

鼓励企业通过兼并重组、参股控股、合资合作等方式，整合现有冷链产业生产加工企业、批发市场、冷链物流企业以及航空航运交通枢纽的冷链物流资源，加快升级改造步伐和配套协作。引导传统的冷藏运输企业在整合原有资源基础上，通过并购等形式，拓宽物流服务领域，向现代专业低温物流企业转变。

积极引进国内外知名冷链物流企业来河南省发展，在农产品主产区和城市周边建设一批产地预冷、分拣中心和城市冷链配送网络，提升河南省冷链物流服务水平。

第三节　加大对冷链产业公共产品的投入力度

一、构筑多元化的冷链产业投入机制

（一）加强统筹协调

冷链物流体系建设环节多、产业链长，是一个跨部门、跨行业、跨区域的系统工程，需要多方面的配合与支持。各级财政在支出责任范围内对具有公益性、公共性的冷链物流基础设施建设和关键技术开发应给予支持。鼓励企业通过银行贷款、股票上市、发行债券、增资扩股等途径筹集建设资金，加大对冷链物流基础设施建设的投入。

（二）加大政策支持

认真落实国家扶持政策，促进河南省冷链物流企业加快发展。兼顾第三方冷链物流企业的特点，落实国家关于试点物流企业有关税收政策，对符合条件的冷链物流企业，积极向国家有关部门推荐，纳入试点物流企业名单。积极衔接营业税改增值税试点的有关政策。加大落实大宗商品仓储用地税收优惠政策。简化冷链物流企业设立时的前置审批手续。

（三）促进资源整合

整合现有冷链物流生产加工企业、批发市场、冷链物流企业以及港口、码头、航空航运交通枢纽的冷链物流资源，加快升级改造步伐和配套协作，并采用现代经营理念、管理手段和运作模式，提高冷链物流整体质量与效率。

（四）增加资金投入

冷链物流设施建设要充分发挥市场机制，鼓励企业加大投入，多渠道筹措建设资金。积极通过中央预算内资金、产业基金等方式对河南省冷链物流项目进行支持；地方各级政府要切实加大投入力度，对大中型冷藏保鲜设施、冷藏运输工具、产品质量认证及追溯、企业信息化等重要项目给予必要的引导和扶持。大力培育直接融资主体，支持各地融资平台公司尤其是农业投资平台公司发挥主渠道投资的引导作用；积极推动大型冷链物流企业上市融资、发行企业债券。进一步建立完善银政合作平台、银企对接机制，多方面拓宽农产品冷链物流企业的融资渠道，引导各类金融机构开发适应冷链物流发展需要的金融产品，为重大项目建设提供更便利的融资服务。

二、加快基础设施建设

基础设施建设，是发展冷链物流的必要前提。

（一）冷库建设工程

鼓励生产企业、专业冷链物流企业、农业产业化龙头企业、农产品批发市场、大型零售企业等经营主体，合理选址，充分利用现有低温储藏设施，加快建设一批设施先进、节能环保、高效适用的冷库，建设一批节能环保、经济适用的冷藏冷冻加工储存设施。

（二）低温、超低温配送处理中心建设工程

鼓励冷链物流企业在大中城市周边规划建设一批具有低温、超低温条件下中转和分拨功能的配送中心，整合现有冷链资源集中完成肉类和水产品分割、果蔬分拣以及包装、配载等处理流程，形成冷链长短途有效衔接、生产与流通环节紧密联系的物流体系，促进其与上游的屠宰加工企业、批发市场以及下游的超市等零售市场协同推进冷链发展。

（三）冷链运输车辆及制冷设备工程

鼓励大型冷链物流企业购置冷藏运输车辆，提升冷链运输率；鼓励加工、流通和销售企业购置预冷保鲜、冷藏冷冻、低温分拣加工、冷藏运输工具等冷链设施设备，提高冷链装备水平。

（四）冷链物流全程监控与追溯系统工程

按照规范化、标准化运作的要求，选择具有条件的大型农产品生产及物流企业，率先建设全程温控和可追溯系统，充分利用现有的企业管理和市场交易信息平台，建立便捷、高效、低成本的农产品冷链物流信息追溯系统。

（五）特种需求的冷链物流设施

特种物流是相对于普通货物物流之外的特殊物流形式，其服务对象对物流过程有特殊的要求，特种物流的对象包括：活体、冷冻食品、冷冻海产品、冷冻畜禽肉类、医药用品等。要针对这些特种产品的特点，合理规划布局物流基础设施，完善特种物流综合运输通道和交通枢纽节点布局，构建层级合理、规模适当、需求匹配的特殊物流仓储配送网络。进一步完善应急物流基础设施，积极有效应对突发自然灾害、公共卫生事件以及重大安全事故。

参考文献

[1] 2013 ~ 2014 年中国冷链运输发展分析［EB/OL］. http：//wenku. baidu. com.

[2] 中国制冷学会［R］.2014 年度中国制冷行业发展分析报告，2014.

[3] 2014 年中国冷链物流产业发展现状及生鲜电商对冷链产业的推动作用分析［EB/OL］. 中国产业信息网，2014 – 11 – 14.

[4] 高媛丽. 东北地区集装箱多式联运通道发展分析［D］. 大连海事大学硕士学位论文，2004.

[5] 国家发展和改革委员会［R］. 农产品冷链物流发展规划（2010 ~ 2015）.

[6] 国外冷链物流发展的主要做法与经验［EB/OL］. 中国冷链物流网，2013 – 1 – 21.

[7] 韩菊. 我国冷链物流体系的研究［J］. 黑龙江科技信息，2009（20）.

[8] 郝丽红，郝丽晶. 冷库安全技术问题探讨［J］. 冷藏技术，2011（2）.

[9] 郝伟民. 云计算下多式联运管理系统研究［D］. 大连海事大学硕士学位论文，2014.

[10] 河南省建进口肉类口岸意义何在？影响几何？［N］. 郑州日报，2015 – 8 – 22.

[11] 胡莉明. 关于加快我国冷链物流发展的探讨［J］. 佳木斯教育学院学报，2012（6）.

[12] 湖南省发展和改革委员会［R］. 湖南省农产品冷链物流三年实施计划（2015 ~ 2017）.2015.

［13］江苏省发展和改革委员会［R］. 江苏省农产品冷链物流发展规划（2014～2020），2014.

［14］姜玉娟. 基于 S – P – E – C – I 模型的我国航空冷链物流发展战略研究［J］. Air Transport & Business，2014（4）.

［15］雷国. 我国冷链物流业发展现状及对策［J］. 对外经贸，2015（4）.

［16］冷藏运输不同运输方式及其运输设备［EB/OL］. http：//wenku. baidu. com.

［17］李锦，谢如鹤. 冷藏运输装备技术研究进展［J］. 流体机械，2014（5）.

［18］李晶晶. 关于冷库制冷剂发展方向的探讨［J］. 制冷，2014（2）.

［19］李翩. 基于多式联运条件下食品冷链物流费用优化研究［D］. 西安建筑科技大学硕士学位论文，2013.

［20］李苏苏，谢如鹤. 从经济学视角谈我国果蔬冷链流通体系建设［J］. 科技管理研究，2013（22）.

［21］刘广海，谢如鹤. 冷藏运输装备发展现状分析及发展趋势研究［J］. 广西轻工业，2009（8）.

［22］刘国丰，欧阳仲志. 冷藏运输市场现状及发展［J］. 制冷，2007（2）.

［23］吕亚博. 浅析河南省食品冷链物流的发展出路——以漯河双汇物流为例［J］. 漯河职业技术学院学报，2013（6）.

［24］欧美冷链物流发展现状与产业趋势［EB/OL］. http：//www. materialflow. com. cn，2013 – 7 – 16.

［25］潘福斌，副教授，戴志桑. 谈我国冷链标准化的发展对策［J］. 商业时代，2014（11）.

［26］钱勇. 对发展我国铁路冷藏运输的几点建议［J］. 铁道运营技术，2009（10）.

［27］秦玉鸣. 冷链物流发展回顾与展望［J］. 中国储运，2014（3）.

［28］阙丽娟，刘冰. 我国冷链物流发展的对策分析［J］. 电子商务，2014

(8).

［29］商业部设计院．冷库制冷设计手册［M］．世界知识出版社，2007.

［30］史秀苹．河南省食品冷链物流供应链模式探讨［J］．物流技术，2012
(7).

［31］司京成．北京市食品冷链物流现状分析［J］．物流技术，2010（3）.

［32］四川省发展和改革委员会［R］．四川省"十二五"农产品冷链物流
发展规划，2012.

［33］苏永玲．我国冷链物流行业发展现状及对策研究［R］．第六届全国
食品冷藏链大会论文集，2008.

［34］孙宏岭，李金峰．中国冷链物流业的主要运作模式分析［J］．粮食流
通技术，2012（2）.

［35］孙宏岭，周行．河南省冷链物流发展战略研究［J］．河南省工业大学
学报（社会科学版），2011（1）.

［36］孙明燕，兰洪杰，黄锋权．冷链定义浅析［J］．物流技术，2007
(10).

［37］外国医药冷链物流模式的启示［N］．现代物流报，2013－7－18.

［38］王斌，李晓虎，杨小灿．大型冷库建设发展趋势［J］．冷藏技术，
2014（1）.

［39］王宁．发展河南省冷链物流业的思考［J］．河南省商业高等专科学校
学报，2009（2）.

［40］王之泰．冷链——从思考评述到定义［J］．中国流通经济，2010
(9).

［41］我国冷链物流市场现况及发展潜力探讨［EB/OL］．全国物流信息网，
2013－3－30.

［42］我国生鲜冷链产业现状及发展趋势分析［EB/OL］．中国行业研究网，
2013－8－21.

［43］毋庆刚．我国冷链物流发展现状与对策研究［J］．中国流通经济，
2011（2）.

［44］杨冀琴．铁路集装箱运输参与多式联运的协同优化［D］．西南交通大学硕士学位论文，2008.

［45］袁学国，邹平等．我国冷链物流业发展态势、问题与对策［J］．中国农业科技导报，2015（1）.

［46］张国东．冷库设计及实例［M］．化学出版社，2013.

［47］张杰，区德妍．聚氨酯硬泡如何为食品冷链产业提供可持续的温控解决方案［J］．中国果蔬，2013（1）.

［48］张月华．河南省食品冷链物流发展问题研究［J］．现代物流，2011（5）.

［49］张月华．河南省速冻食品冷链物流存在的问题及对策［J］．中国物流与采购，2011（21）.

［50］张悦．我国铁路冷链物流运输发展对策的探讨［J］．铁道货运，2014（5）.

［51］赵贤．中美药品冷链物流体系的比较研究［J］．中国药业，2012（8）.

［52］赵英霞．中国农产品冷链物流发展对策探讨［J］．哈尔滨商业大学学报，2010（2）.

［53］郑晨潇，刘泽勤，常远．冷藏运输业发展现状分析及建议［J］．安徽农业科学，2012（33）.

［54］中国冷链物流行业发展趋势［EB/OL］．中国产业洞察网，2014－11－24.

［55］中国冷链物流行业投资分析［EB/OL］．中国产业洞察网，2014－11－18.

［56］中国物流与采购联合会冷链物流专业委员会．2015年中国冷链物流发展报告［M］．中国物资出版社，2015.

［57］周俊．我国铁路冷藏集装箱运输发展及运营问题研究［D］．北京交通大学硕士学位论文，2009.

［58］周路．中国与加拿大两国农产品冷链物流的比较分析［J］．对外经贸实务，2015（1）.